やりきれるから自信がつく！

＞ 1日1枚の勉強で、学習習慣が定着！

◎目標時間に合わせ、無理のない量の問題数で構成されているので、「1日1枚」やりきることができます。

◎解説が丁寧なので、まだ学校で習っていない内容でも勉強を進めることができます。

＞ すべての学習の土台となる「基礎力」が身につく！

◎スモールステップで構成され、1冊の中でも繰り返し練習していくので、確実に「基礎力」を身につけることができます。「基礎」が身につくことで、発展的な内容に進むことができるのです。

◎教科書の学習ポイントをおさえられ、言葉の力や表現力も身につけられます。

＞ 勉強管理アプリの活用で、楽しく勉強できる！

◎設定した勉強時間にアラームが鳴るので、学習習慣がしっかりと身につきます。

◎時間や点数などを登録していくと、成績がグラフ化されたり、賞状をもらえたりするので、達成感を得られます。

◎勉強をがんばると、キャラクターとコミュニケーションを取ることができるので、日々のモチベーションがつづきます。

JN040225

使い方

学研　毎日のドリル

※本書では、一般的な教育用の教科書体を使用しています。

---

① 1日1枚、集中して解きましょう。

◎1回分は、1枚（表と裏）です。

◎目標時間を意識して使うことができます。
アプリのストップウォッチなどで、かかった時間を計るとよいでしょう。

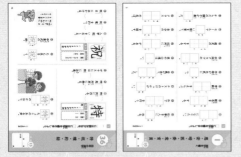

- 「かくにんテスト」…これまでに習った内容が身についているかを確認しましょう。

- 「全漢テスト」…三年生で習う全漢字を総復習します。

- 「先取りテスト」…四年生で習う重要漢字に挑戦します。

（あ）は音読みで、カタカナで読みます。
（　）は小学校では習わない読み方です。
（う）は訓読みで、ひらがなで読みます。
赤い字は送りがなです。

目標時間

四年漢字の先取りも！

---

② おうちの方に、答え合わせをしてもらいましょう。

本の最後に、「答えとアドバイス」があります。答え合わせをして、点数をつけてもらいましょう。

---

③ アプリに得点を登録しましょう。

・アプリに得点を登録すると、成績がグラフ化されます。

・勉強すると、キャラクターが育ちます。

解けなかった問題を、
もう一度やってみよう！

♪毎日のドリル♪ 勉強管理アプリ

「毎日のドリル」シリーズ専用、スマートフォン・タブレットで使える無料アプリです。1つのアプリでシリーズすべてを管理でき、学習習慣が楽しく身につきます。

1 「毎日のドリル」の学習を徹底サポート！

毎日の勉強タイムをお知らせする「タイマー」

かかった時間を計る「ストップウォッチ」

勉強した日を記録する「カレンダー」

入力した得点を「グラフ化」

> 勉強時間を意識しよう！

0分20秒
目標：15分00秒
勉強中
いったん ていし ストップ！

2 キャラクターと楽しく学べる！

好きなキャラクターを選ぶことができます。勉強をがんばるとキャラクターが育ち、「ひみつ」や「ワザ」が増えます。

さかだちは とくいだ

3 1冊終わると、ごほうびがもらえる！

ドリルが1冊終わるごとに、賞状やメダル、称号がもらえます。

> これは やる気が でるッさ！

ひらがな・カタカナ 1年 国語
勉強するドリルを選ぼう
すう・りょう・ずけい

かん字 1年 国語
全科

たしざん 1年 算数
かん字

4 漢字と英単語のゲームにチャレンジ！

ゲームで、どこでも手軽に、楽しく勉強できます。漢字は学年別、英単語はレベル別に構成されており、ドリルで勉強した内容の確認にもなります。

> 自己ベスト更新を目指そう！

0分01秒

漢字のよみがなを当てよう

川　正　四　出

かわ　しゅつ　よん　せい

アプリの無料ダウンロードはこちらから！
https://gakken-ep.jp/extra/maidori/

【推奨環境】
■各種Android端末：対応OS Android6.0以上
■各種iOS（iPadOS）端末：対応iOS iOS10以上
※対応OSであっても、Intel CPU (x86 Atom)搭載の端末では正しく動作しない場合があります。 ※対応OS や対応組織については、各ストアでご確認ください。 ※各ストアのネット購読および携帯端末によりアプリをご利用できない場合は、当社は責任を負いかねます。ご了承ください。ご購入いただきますようお願いいたします。

一 悪・安・暗・医・委・意・育・員

月　日

とく点　点

1 □に漢字を書きましょう。

一つ2点【32点】

① 〔い・しゃ〕□□ になりたい。

② 駅名を 〔あん・き〕□□ する。

③ 学級 〔い・いん〕□□ をえらぶ。

④ 作物が元気に 〔そ・だ〕□ つ。

⑤ 水泳クラブの 〔か・い・いん〕□□ 。

⑥ 遠足の 〔よう・い〕□□ をする。

⑦ セールで 〔やす〕□ い服を買う。

⑧ からだの調子が最 〔あく〕□ だ。

⑨ 仕事を人に 〔ゆ・だ〕□ ねる。

⑩ 外で 〔た・い・い・く〕□□ を行う。

⑪ テストのけつかが 〔わる〕□ い。

⑫ 台風が去り、 〔あん・しん〕□□ した。

⑬ 夜の山道は 〔くら〕□ い。

⑭ 近所に 〔い・いん〕□□ がある。

⑮ 自分の 〔い・けん〕□□ を話す。

⑯ クラス 〔ぜん・いん〕□□ の名ぼ。

クイズ 「悪」を、「あ〜」と読むのは、どれかな？
① 意地悪　② 悪化　③ 悪人

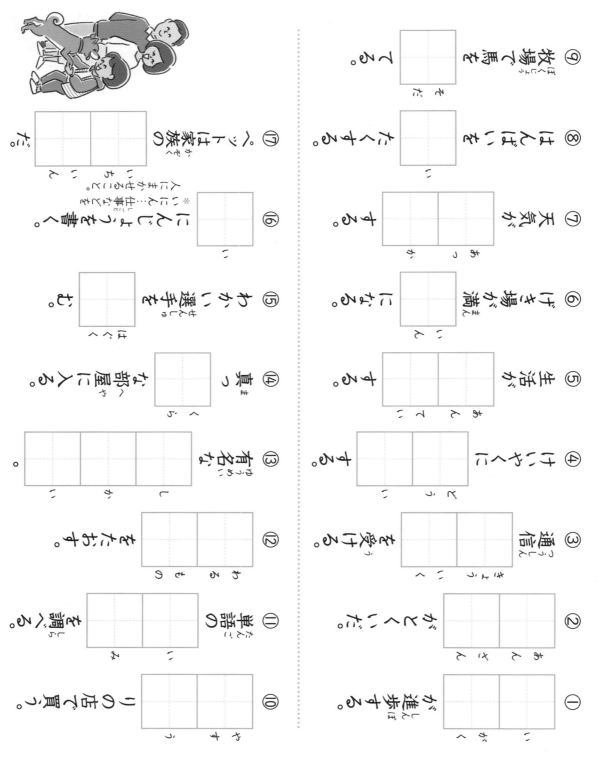

2 □に漢字を書きましょう。

① □□（かいへい）が進歩（すすほ）する。

② □□（あんぜん）な□（どう）ろ。

③ 通信（つうしん）きょう□（いく）を受（う）ける。

④ けが人（にん）を□□（かんご）する。

⑤ 生活（せいかつ）が□□□□（あんてい）する。

⑥ げき場（じょう）が満（ま）ん□□（いん）になる。

⑦ 天気が□□（かいふく）する。

⑧ はんにんを□（とら）える。

⑨ 牧場（ぼくじょう）で馬を□て（そだ）る。

⑩ □□（やすう）りの店（みせ）で買（か）う。

⑪ 単語（たんご）の□□（いみ）を調（しら）べる。

⑫ □□□□（わるもの）をたおす。

⑬ 有名（ゆうめい）な□□□（がかし）。

⑭ 真（ま）っ□（くら）な部屋（へや）に入る。

⑮ わかい□□□（せんしゅ）を選（えら）ぶ。

⑯ □□□（かんじゃ）によって薬（くすり）を変（か）える。

⑰ □□（だんたい）は家族（かぞく）の□□（やくわり）。

［68点］ 1もん4てん

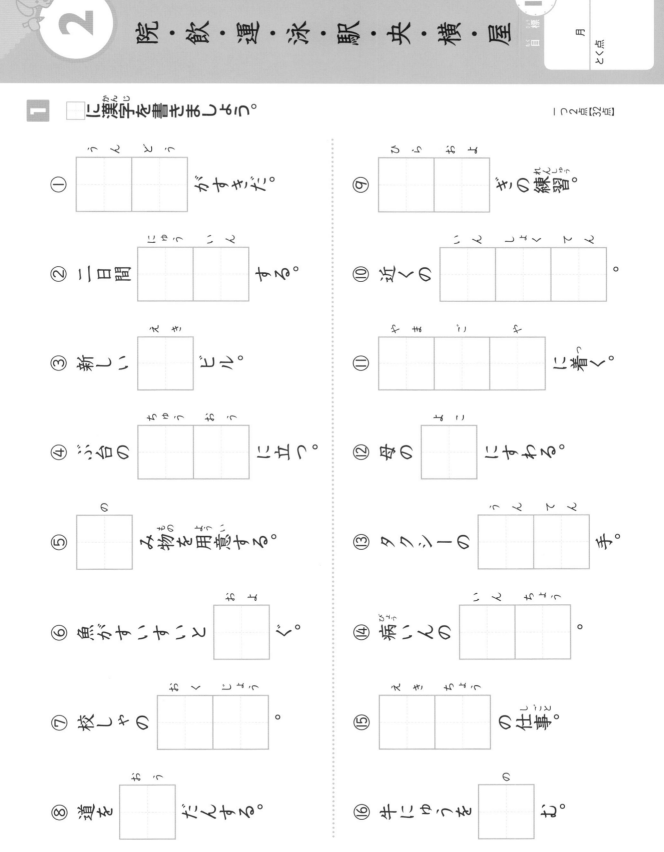

2 漢字を書く

1 □に漢字を書きましょう。 　一つ2点【32点】

① うんこう がすきだ。

② 二日間 にゅういん する。

③ 新しい えき ビル。

④ ぶ台の ちゅうおう に立つ。

⑤ みの 物を用意する。

⑥ 魚がすいすいと およ ぐ。

⑦ 校しゃの おくじょう 。

⑧ 道を おう だんする。

⑨ ひらおよ ぎの練習。

⑩ 近くの こうしゃてん 。

⑪ やまいか に着く。

⑫ 母の よこ にすわる。

⑬ タクシーの うんてん 手。

⑭ 病いんの いんちょう 。

⑮ えきちょう の仕事。

⑯ ぎにゅうを の む。

7

2 □に漢字を書きましょう。

1年４組【68点】

① 　□□を買う。

② 　□□を見学する。

③ 　かばんを　□に　□。

④ 　□を　□にする。

⑤ 　料金が　□に　□する。

⑥ 　□□で遊ぶ。
　※「おてがる…」など、建物の「おてんの」ことです。

⑦ 　□□に出る。

⑧ 　公園の　□□の祭り。

⑨ 　父が　□□する。

⑩ 　会社に　□□のむ。

⑪ 　首を　□にふる。

⑫ 　小さな　□□□。

⑬ 　競□用の　□すき。

⑭ 　□けがで　□□する。

⑮ 　□□を決める。
　※おちゃ…などを、おきゃくさんにだすようすです。

⑯ 　□□をしる。

⑰ 　赤い　□□の家。

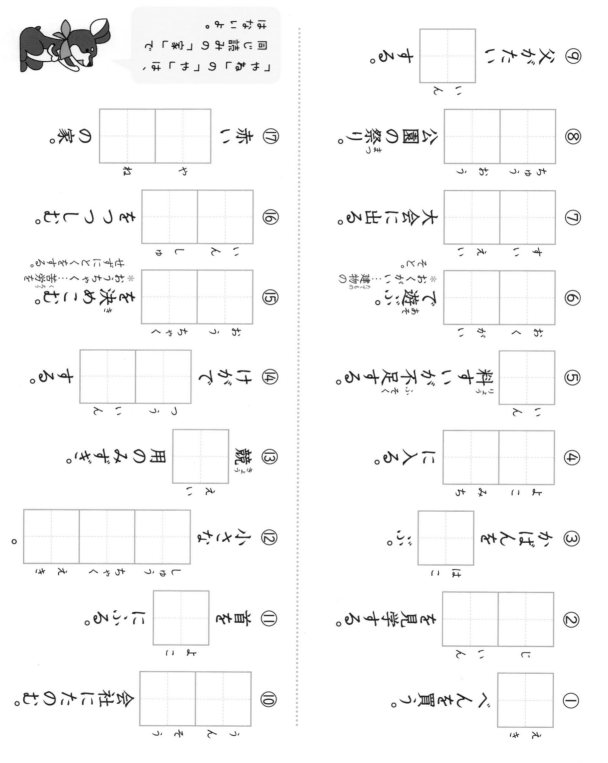

「ます」の「す」は、読みの「す」で、「ます」の音ではないよ。

月　とく点

1 □に漢字を書きましょう。

1つ2点【32点】

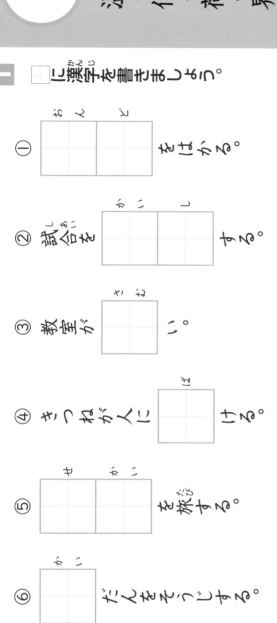

① おんど をはかる。

② 試合を かいし する。

③ 教室が さむ い。

④ きつねが人に ば ける。

⑤ せかい を旅する。

⑥ かい だんをそうじする。

⑦ 幸運に かん しゃする。

⑧ 自転車の にだい 。

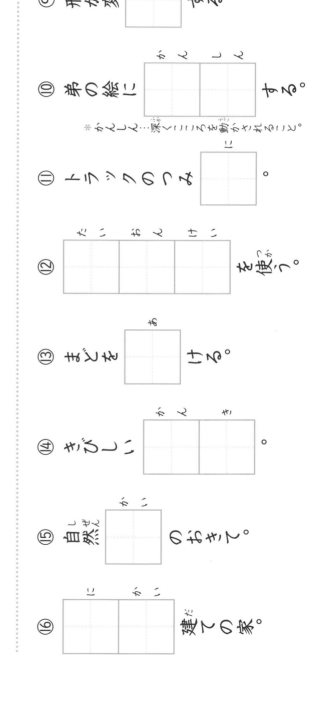

⑨ 形が へん する。

⑩ 弟の絵に かんしん する。

＊かんしん…深く心を動かされること。

⑪ トラックのに もつ 。

⑫ たいおんけい を使う。

⑬ まどを あ ける。

⑭ さびしい かんき 。

⑮ 自然 かい のおきて。

⑯ に かい 建ての家。

① 「い」、「階」を「かい」と書くのは、①なん②かん③げんかん？

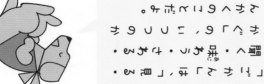

・「ば」、「は」・「見る」・「会う」・「味」・「買う」のつく言葉の、かくれている漢字をさがしてね。

2 □に漢字を書きましょう。

① 札（ふだ）に名前を書く。

② ［　　］が高い。

③ ［　　］から［　　］の［　　］。

④ ［　　］対（たい）する。
　　※対……むかいあう。

⑤ 手の［　　］がふくらむ。

⑥ ［　　］の発（はっ）［　　］。

⑦ けん［　　］がたんぼる。

⑧ けん［　　］が上がる。

⑨ 妹の手があた［　　］かい。

⑩ ［　　］だんをのぼる。

⑪ ［　　］が広がる。

⑫ ［　　］に線を引く。

⑬ け物（もの）の話。

⑭ ［　　］が通る。

⑮ ［　　］でつくってあります。

⑯ 風で戸（と）が［　　］く。

⑰ ［　　］をとじます。

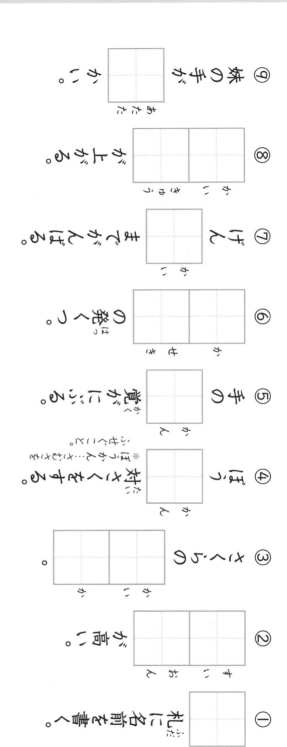
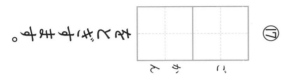
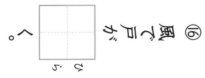
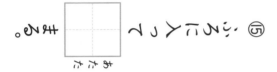
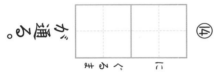
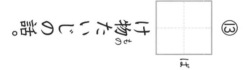

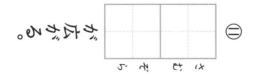
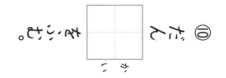

月

とく点

1 □にかんじをかきましょう。

1つ2点【32点】

① きゅうこう｜｜列車をまつ。

② 市の たいいくかん 。

③ きりつ｜｜して答える。

④ きたい｜｜どおりのけっか。

⑤ かいがん｜｜で遊ぶ。

⑥ きゅう｜極の目的。

⑦ きゃくせん｜｜に乗る。

⑧ かんじ｜｜をおぼえる。

⑨ きゃくし｜｜でくつろぐ。

⑩ かわぎし｜｜を歩く。

⑪ 美をたん きゅう する。

⑫ かんわ｜｜辞典を開く。

⑬ いそ｜いで家に帰る。

⑭ げん定の商品。 きかん

⑮ 県けつの としょかん 。

⑯ 朝早く お｜きる。

2 □にかん字を書きましょう。　1つ4点【各4点】

① にが□い　□□をのむ。

② □□のきげんを守る。

③ 真理を□□する。

④ 市民が□□に集まる。

⑤ 地下鉄の□□の駅。

⑥ 今日は□□が多い。

⑦ □□い足で歩く。

⑧ ＊□□に立つ。

⑨ ＊□□があらわれる。

⑩ 教室に□□からがおいる。

⑪ 観□□が整へする。

⑫ □□□で出かける。

⑬ □□辺にたった家。

⑭ 西洋の□□を見学する。

⑮ □□的に整理する。

⑯ ＊真相の□□。

⑰ 体を□す。

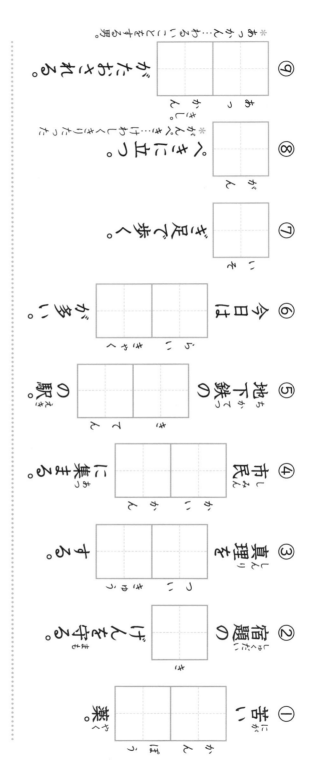

5

級・宮・球・去・橋・業・曲・局

1 □に漢字を書きましょう。

1つ2点【32点】

① 〔やきゅう〕の試合。

② 指を〔ま〕げる。

③ 〔てっきょう〕をわたる。

④ 〔ごうきゅうせい〕と遊ぶ。

⑤ 〔きょねん〕の思い出。

⑥ 店の〔きゅうぎょう〕日。

⑦ テレビ〔きょく〕の建物。

⑧ 〔きゅう〕でんを見がくする。

⑨ 〔がっきゅう〕で話し合う。

⑩ 〔きょくちょう〕が指じする。

⑪ じゅ〔ぎょう〕が始まる。

⑫ お〔うきゅう〕を見上げる。

⑬ 兄の投げる〔たま〕は速い。

⑭ 〔きょくせん〕をえがく。

⑮ うまれた町を〔さ〕る。

⑯ 谷にかかる〔はし〕。

クイズ
「曲」の部首はどれかな？
① 田　② 日　③ 口

答え ▶ 88ページ

---

2 □に漢字を書きましょう。　1つ4点【68点】

① 文ぼう具店に□（き）があ る。

② 結こんして、□□（きょうだい）と仲直りした。

③ □□（やきゅう）大会

④ □□（しきさい）のなかば。

⑤ 空に□□（きかゅう）がうかぶ。

⑥ □□（きみ）をつくって キャッチする。

⑦ 日本庭園の□□（いし）にはし る。

⑧ せ□をもち上げる。

⑨ サーカスの□（きょく）芸（げい）

⑩ □（い）をふり返る。

⑪ □□□（さんぎょう）の発たつ。

⑫ 陸□（きょう）を車が通る。

⑬ 重大な□□（きょくめん）
　　※物事のなりゆき…あぶない…きけん…

⑭ □□（みやざき）県あたりを旅行する。

⑮ 四年生に□□（しんきゅう）する。

⑯ 夏が□（さ）り、秋になる。

⑰ □□（にもつ）をひろって手伝う。

（ねこ）「たましい」は、「田」を最後に書きますよ。

月　　日
目標　10分
とく点

1 □に漢字を書きましょう。　1つ2点【32点】

① 絵の□〔く〕をまぜる。

② □□〔ぎんがみ〕でつつむ。

③ □〔く〕労〔ろう〕が実〔み〕る。

④ 山田〔やまだ〕□〔くん〕の家で遊〔あそ〕ぶ。

⑤ □□〔けいしょく〕がおいしい店。

⑥ 野球〔やきゅう〕の□□〔ちく〕大会。

⑦ □〔けつ〕えきのけんさ。

⑧ 他国〔たこく〕との関〔かん〕□〔けい〕。

⑨ □□〔かるいし〕を拾〔ひろ〕う。

⑩ □□〔かかりいん〕が案内〔あんない〕する。

⑪ 指〔ゆび〕を切〔き〕って□〔ち〕が出〔で〕る。

⑫ 同〔おな〕じ□□〔がっく〕の友達〔ともだち〕。

⑬ 駅前〔えきまえ〕の□□〔ぎんこう〕。

⑭ 高熱〔こうねつ〕で□〔くる〕しむ。

⑮ ぼくと□□〔きみ〕とのやくそく。

⑯ □□〔あまぐ〕を持参〔じさん〕する。

答え ● 88ページ

「くるしい」を漢字と送りがなで書くと、どれかな？
①苦るしい
②苦しい
③苦い

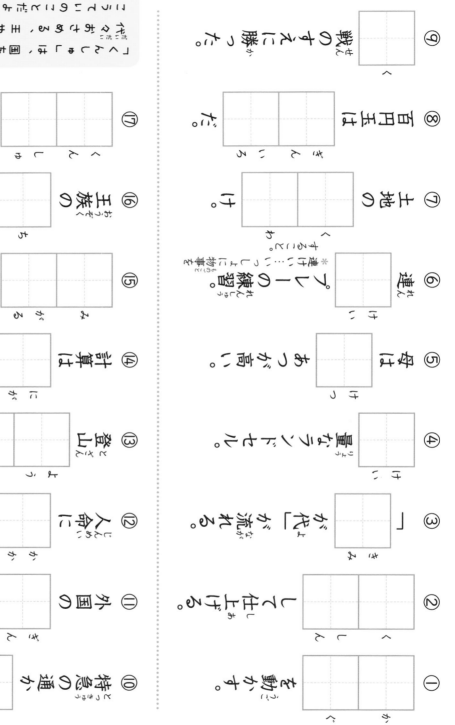

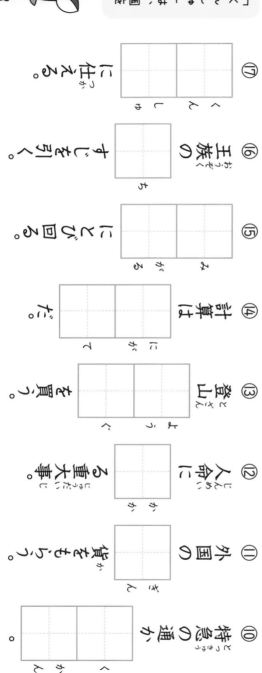

2 □に漢字を書きましょう。 【一つ4点/68点】

① ［　］を動かす。（うご）

② ［　］［　］して仕上げる。（しあ）

③ 「［　］［　］」がながれる。（なが）

④ 重な［　］ラバンセル。（りゅう）

⑤ 母は［　］があつい。

⑥ 連れ［　］い。
※連れ＝人などといっしょに物事を行うこと。
プレーの練習をする。

⑦ 土地の［　］［　］け。（わ）

⑧ 百円玉は［　］［　］だ。（ぎん・いろ）

⑨ 戦のすえに勝った。（せん・か）

⑩ 特急の通が［　］［　］。（とっきゅう・かん）

⑪ 外国の［　］をもらう。（き）

⑫ 人命に［　］る大事。（かか・じゅうだい）

⑬ 登山［　］［　］を買う。（とざん・こう）

⑭ 計算は［　］［　］だ。（に・て）

⑮ ［　］［　］にとび回る。（み・がる）

⑯ 王族の［　］すじを引く。（ち）

⑰ ［　］［　］に仕える。（しゅ・くん）

「くに」と読む漢字は、「国」のほかに、「州」などもあります。

7 かくにんテスト①

名前

目標　月　とく点

1 □にあてはまる漢字を書きましょう。

一つ3点【24点】

① 発言にはない。

② 地下鉄の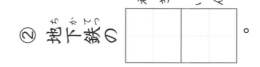。

③ 石油の。

④ 上流の生活。

⑤ 学校の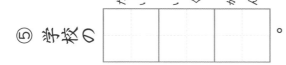。

⑥ 近所の歯科。

⑦ 変を投げる。

⑧ 列車に乗る。

2 ——線の言葉を、漢字と送りがなで（　）に書きましょう。

一つ4点【16点】

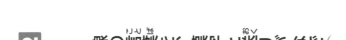

① あたたかい お茶。　（　　　　　　）

② 首を まげる。　（　　　　　　）

③ かるく くてで走る。　（　　　　　　）

④ にくていえを せいこう。　（　　　　　　）

17

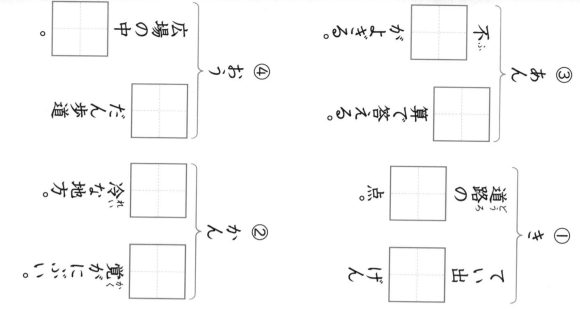

5 □に同じ読み方で、意味のちがうかん字を書きましょう。 【4つ1 32点】

① きてん
道路の□点／□に出て□げん。

② かん
冷たい地方。／覚が□に。／資□に□。

③ あん
不□□がよわる。／□算で答える。

④ おう
広場の中。／□だん歩道

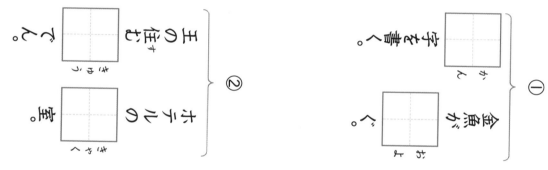

4 □に同じ部首のかん字を書きましょう。 【4つ1 16点】

① 金魚が□およぐ。／□かん字を書く。

② 王の住む□きゅう□。／ホテルの□きゃく□室。

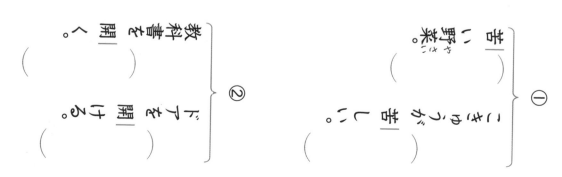

3 ——線のかん字の読みがなを（ ）に書きましょう。 【3つ1 12点】

① 野菜は
（ ）苦い。／（ ）苦しい。

② 教科書を
（ ）開く。／ドアを（ ）開ける。

8

決・研・県・庫・湖・向・幸・港

1 □に漢字を書きましょう。

1つ2点【32点】

① バスが 〔けんどう〕を走る。

② 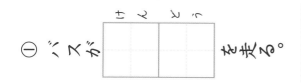〔けっしょう〕戦まで進む。

③ 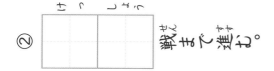〔こうふく〕をいのる。

④ 生物の 〔けんきゅう〕。

⑤ 学級 〔ぶんこ〕の図かん。

⑥ 〔みずうみ〕のほとりの宿。

⑦ 駅へ 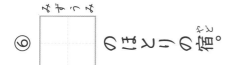〔む〕かうバス。

⑧ 〔みなと〕の近くに住む。

⑨ 休日の予定を 〔き〕める。

⑩ 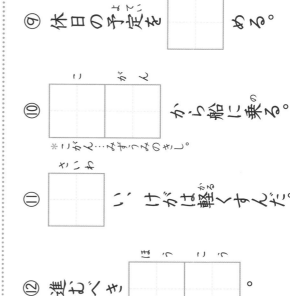〔こがん〕から船に乗る。
＊こがん…みずうみのきし。

⑪ 〔こ〕がけは軽くすんだ。

⑫ 進むくき 〔ほうこう〕。

⑬ 活気のある漁 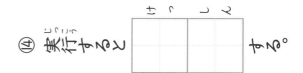〔こう〕。

⑭ 実行すると 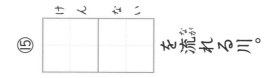〔けっしん〕する。

⑮ 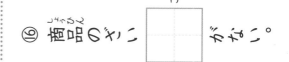〔けんない〕を流れる川。

⑯ 商品のざい〔こ〕がない。

クイズ
「庫」の部首はどれかな？
① 一
② 广
③ 車

「こ」はくるまと
かんけい
ないよ。

2 □に漢字を書きましょう。 【1点×68=68点】

① 右を□く。
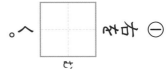
（む）

② □でくらべる。
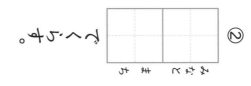
（みとおし）

③ 不□をなげく。 ＊なさけない…それはあかんでしょ。
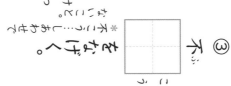
（こう）

④ 事けんを□いかいけつする。
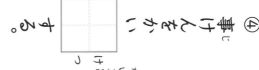
（はや）

⑤ 銀行の□。
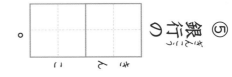
（こ）

⑥ □を引く。
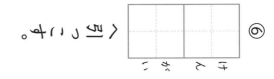
（けん）

⑦ 底にすむ魚。

（そこ）

⑧ □がいこむ。
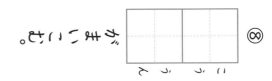
（こういん）

⑨ 川の□ぎし。
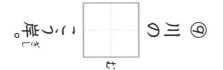
（む）

⑩ 遠足の日で□いがまる。
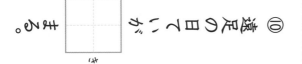
（き）

⑪ □に波がたつ。
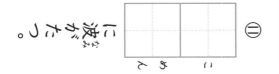
（こ）

⑫ 新入社員の□しゅう。
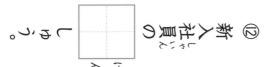
（けん）

⑬ □の博物館。
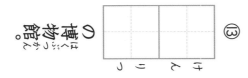
（けんこく）

⑭ 生活が□する。
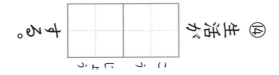
（こうじょう）

⑮ 貨物船の□。

（こうこう）

⑯ □せな人生。
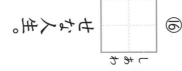
（しあわ）

⑰ 倉□から商品を出す。
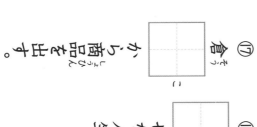
（こ）

漢字を書こう

1 □に漢字を書きましょう。　一つ2点【32点】

① 町内会のお〔まつ〕り。

② 母が〔しごと〕に行く。

③ 王が〔しし〕ゃを送る。

④ 夏休みが〔はじ〕まる。

⑤ 〔おおさら〕に料理をもる。

⑥ 必〔ひっし〕に練習する。

⑦ 〔だいこん〕を切る。

⑧ 〔ねんごう〕がかわる。

⑨ エンジンの〔しく〕み。

⑩ 〔はね〕つきで遊ぶ。

⑪ 信〔ごう〕が青になる。

⑫ 今月は〔かじ〕が多い。

⑬ テストを〔かいし〕する。

⑭ 〔し〕ぬ気でがんばる。

⑮ えん筆けずりを〔つか〕う。

⑯ 〔さらまわ〕しの曲芸。

クイズ
「号」は何画で書くかな？
① 5画　② 6画　③ 7画

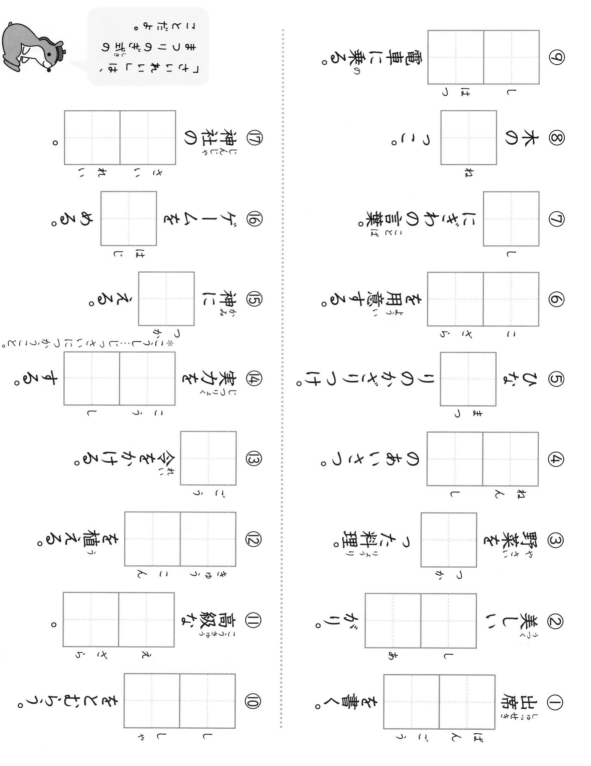

2 □に漢字を書きましょう。

① 出席（しゅっせき）□□を書く。

② 美（うつく）しい□□り。

③ 野菜（やさい）を□□した料理（りょうり）。

④ □□のおこない。

⑤ ひな□□のかざりつけ。

⑥ □□□□を用意（ようい）する。

⑦ □□にわぎの言葉（ことば）。

⑧ 木の□。

⑨ □□電車（でんしゃ）に乗（の）る。

⑩ □□□□をたべる。

⑪ 高級（こうきゅう）な□□□。

⑫ □□□□を植（う）える。

⑬ 今（いま）□□をかける。

⑭ 実力（じつりょく）を□□□する。
※「はっき」は……とかくよ。

⑮ 神（かみ）さまに□□える。

⑯ ゲームを□□める。

⑰ 神社（じんじゃ）の□□□。

「たいこ」は、くりかえしの言ばでもあります。

指・歯・詩・次・事・持・式・実

1 □に漢字を書きましょう。　1つ2点【32点】

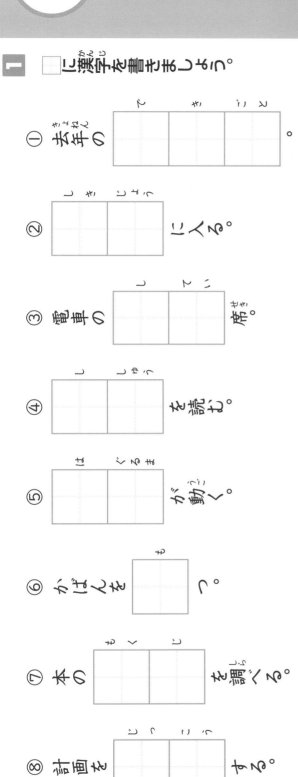

① 去年の［で　き　ごと］。

② ［し　き　じょう］に入る。

③ 電車の［し　てい］席。

④ ［し　しゅう］を読む。

⑤ ［は　くるま］が動く。

⑥ かばんを［も］つ。

⑦ 本の［もく　じ］を調べる。

⑧ 計画を［じっ　こう］する。

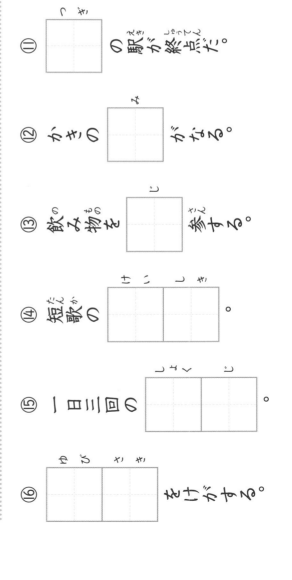

⑨ ［し　か］医院に通う。

⑩ ［し］的な文章。
＊し的…しのような味わいがある。

⑪ ［つぎ］の駅が終点だ。

⑫ かきの［み］がなる。

⑬ 飲み物を［じ］参する。

⑭ 短歌の［けい　しき］。

⑮ 一日三回の［しょく　じ］。

⑯ ［ゆび　さき］をけがする。

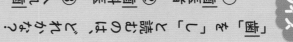

クイズ
「歯」を「し」と読むのは、どれかな？
① 歯医者　② 歯科医　③ 入れ歯

---

2 □に漢字を書きましょう。　1つ4点【68点】

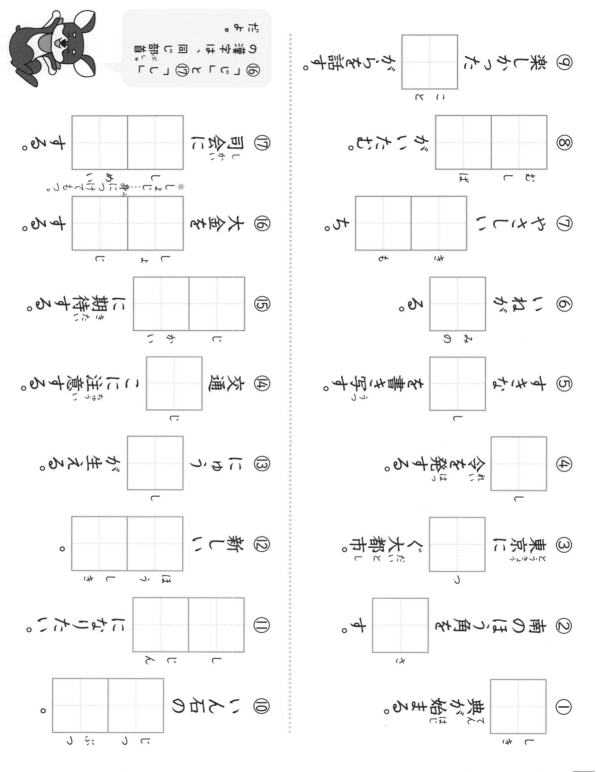

① □が始まる。（しき／はじ）

② 南のほう□を…す。（き）

③ 東京は□くの大都市。（とうきょう／だいとし）

④ □を発する。（し／はっ）

⑤ すきな□を書き写す。（し／か）

⑥ いねが□のる。（み）

⑦ やさい□…ち。（き／も）

⑧ □□がいたむ。（は／し）

⑨ 楽しかった□から話す。（と）

⑩ いしの□□。（し／じ・し）

⑪ 新しい□□□になりたい。（し・ご・と）

⑫ 新しい□□が生える。（は・き／し・ご）

⑬ □□に注意する。（ちゅう）

⑭ 交通□□に注意する。（し）

⑮ □□に期待する。（し・か）

⑯ 大金を□□する。（し・ょ…）

⑰ 司会に□□する。（し・か）

⑯⑰の漢字は、同じ「し」の部首だよ。

漢字を書く

二

1 □に漢字を書きましょう。

1つ2点【32点】

① コップを手に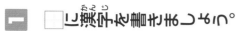［と］る。

② 入学しけんに［う］かる。

③ 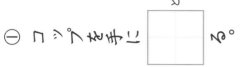［きゅう］［しゅう］を旅行する。

④ 昔の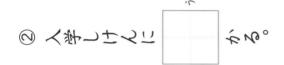［しゃ］［しん］を見る。

⑤ 家の持ち［ぬし］。

⑥ ひみつを［まも］る。

⑦ ［さく］［しゃ］について学ぶ。

⑧ あま［ざけ］をひやす。

⑨ 教科書の文章を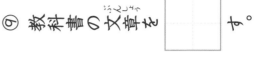［うつ］す。

⑩ 母が梅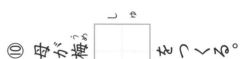［しゅ］をつくる。

⑪ 野球の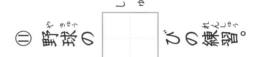［しゅ］びの練習。

⑫ にもつのこごわか［もの］。

⑬ ラジオ放送を［じゅ］信する。

⑭ 新聞の［しゅ］材だ。

⑮ 日本はアジア［しゅう］の国だ。

⑯ 米を［しゅ］［しょく］にする。

答え ▶ 89ページ

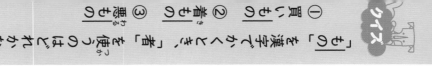

クイズ

「もの」を漢字でかくとき、「者」を使うのはどれかな？
① 買い□もの
② 着□もの「者」
③ 悪□もの「者」

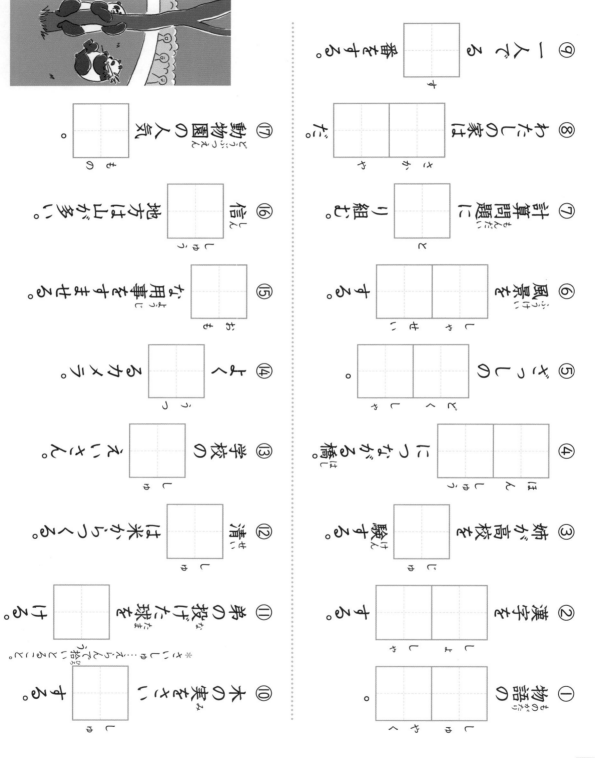

2 □に漢字を書きましょう。　一つ4点【68点】

① 物語の□□□。

② 漢字を□□する

③ 姉が高校を□□する。

④ □□に□橋がかかる。

⑤ □□の□。

⑥ 風景を□□する。

⑦ 計算問題に□り組む。

⑧ わたしの家は□□だ。

⑨ 一人で□る□番をする。

⑩ 木の実を□に□□する。

⑪ 弟の投げた球を□ける。

⑫ □は米から□る。

⑬ 学校の□□により。

⑭ □□るようにカメラ。

⑮ □□な用事をすませる。

⑯ 信□地方は山が多い。

⑰ 動物園の人気□の。

拾・終・習・集・住・重・宿・所

月

とく点

1 □に漢じを書きましょう。

1つ2点【32点】

① ゆかのごみを [ひろ]う。

② [しゅうじ]で筆を使う。

③ 休み時間が [お]わる。

④ 駅で [おまやど]りする。

⑤ 学校の近くに [す]む。

⑥ ランドセルが [おも]い。

⑦ 明るい [ところ]で読書する。

⑧ きれいな石を [あつ]める。

⑨ [しゅうぎょう]式が始まる。

⑩ 日本各地の [めいしょ]。

⑪ [じゅうしょ]を知らせる。

⑫ [しゅうちゅう]して勉強する。

⑬ 新聞を [ひろ]い読みする。
※ひろい読み…文章を
ところどころ読むこと。

⑭ ダンスを [なら]う。

⑮ [しゅく]はく料金をはらう。

⑯ [だいじ]がらえる。

クイズ
「集」は何画で書くかな？
①10画 ②11画 ③12画

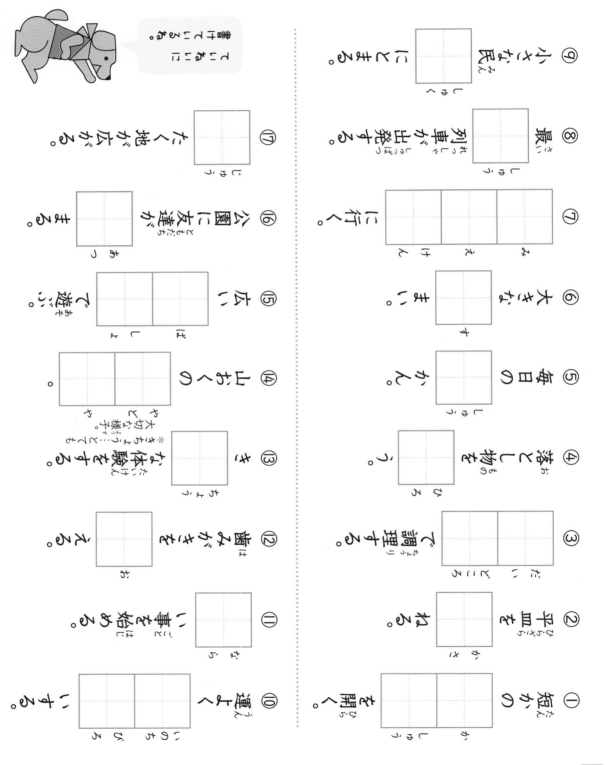

ここにこたえを書いてね。

2 □に漢字を書きましょう。

① 短（みじか）かの□□を開（ひら）く。

② 平皿（ひらさら）を□かさねる。

③ □□で調理（ちょうり）する。

④ 落（お）とし物（もの）を□□う。

⑤ 毎日（まいにち）の□□かん。

⑥ 大（おお）きな□す。

⑦ □□□に行（い）く。

⑧ 最（さい）□□が出発（しゅっぱつ）する。

⑨ 小（ちい）さな□□にとどまる。

⑩ □□へ運（はこ）ぶ。

⑪ □□に事（こと）を始（はじ）める。

⑫ 歯（は）みがきを□える。

⑬ □な体験（たいけん）をする。

⑭ □□の山（やま）へ□□。

⑮ 広（ひろ）い□□で遊（あそ）ぶ。

⑯ 公園（こうえん）に友達（ともだち）が□まる。

⑰ □たい地（じ）が広（ひろ）がる。

1 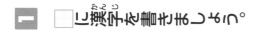　□に漢字を書きましょう。　1つ2点【32点】

① じゃんけんで［か］つ。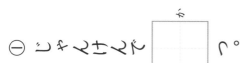

② バスに［じょうしゃ］する。

③ 今年はもう［しょ］だった。

④ ［しょうわ］生まれの人。

⑤ ［しょうひん］が不足する。

⑥ 妹に［じょげん］する。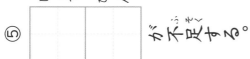

⑦ ［しょうか］器を家におく。

⑧ ［ぶんしょう］を考える。

⑨ ［しょちゅう］見まいを書く。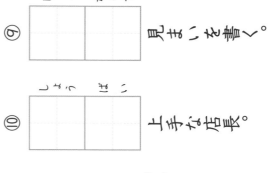

⑩ ［しょうばい］上手な店長。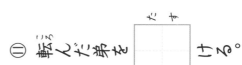

⑪ 転んだ弟を［たす］ける。

⑫ クイズ大会の［しょうしゃ］。

⑬ 明かりが［き］える。

⑭ 兄のちゅう学の［こうしょう］。

⑮ ［の］り物の写真集。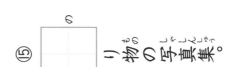

⑯ この部屋は［あつ］い。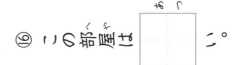

29

クイズ
「南」は何画で書くかな？
① 九画　② 10画　③ 二画

2 □に漢字を書きましょう。　1つ4点【68点】

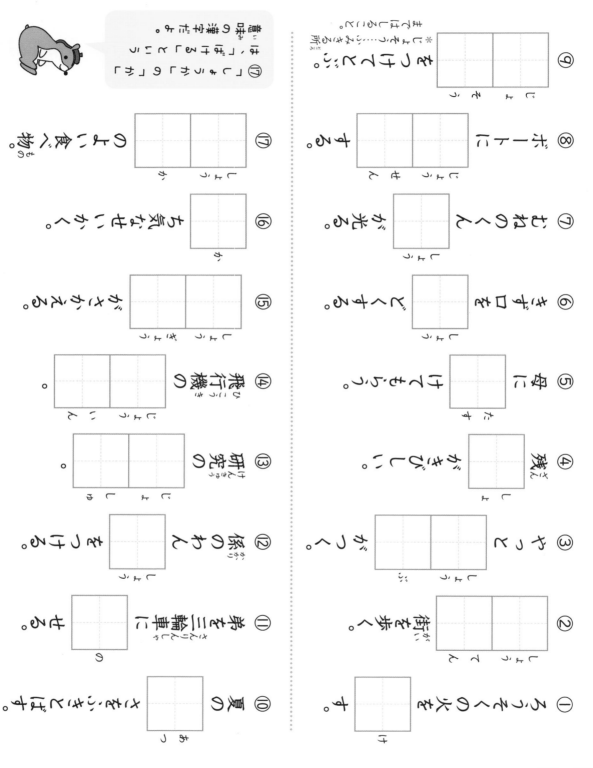

① ろうそくの火を□す。（け）

② 街（まち）が□□へ。

③ やっと□□ぶへ。

④ 残（のこ）ぎが□□し□に。

⑤ 母（はは）に□けてもらう。（た）

⑥ すき口を□□へる。

⑦ むねの□□が光（ひか）る。

⑧ ボートに□□する。

⑨ □□をつけて。
※「そう…」と読まないでね。所（ところ）

⑩ 夏（なつ）の□がさかんだ。（お）

⑪ 弟（おとうと）を三輪車（さんりんしゃ）に□せる。（の）

⑫ 係（かかり）のわりを□□をつける。（しょう）

⑬ 研究（けんきゅう）のわりを□□。（しゅ）

⑭ 飛（と）び行機（こうき）の□□。（しょうにん）

⑮ □□がかなえる。（しょうしょう）

⑯ □がちきなこと。（あ）

⑰ □□のような食（た）べ物（もの）。（しょうか）

〔吹き出し〕⑰の「はっ」につく字は、送りがなの「し」がつく漢字だよ。意味は…食べ物。

1 □にあてはまる漢字を書きましょう。
一つ3点【30点】

① 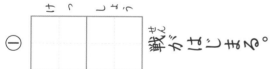（け／せん）　戦がはじまる。

② 家の 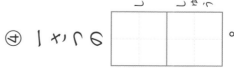（し／ごと）を手伝う。

③ （は／い／しゃ）

④ ミニの 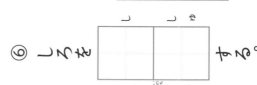（し／ゅう）。

⑤ 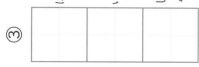（しょ／じ）金が少ない。
＊しょじ…身につけてもっていること。

⑥ 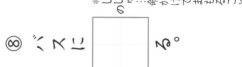（し／ゅ）しろを　する。
＊～のしゅ…命がけでまもる人。

⑦ （しゅ／し）わらっている。

⑧ バスに  る。

⑨ 青信し （ごう）で進む。

⑩ かけ算を 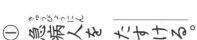（なら）う。

2 ──線の言葉を、漢字と送りがな（　）に書きましょう。
一つ4点【12点】

① 急病人（きゅうびょうにん）を <u>だすける</u>。（　　　　　）

② テストを <u>うける</u>。（　　　　　）

③ 空きかんを <u>ひろう</u>。（　　　　　）

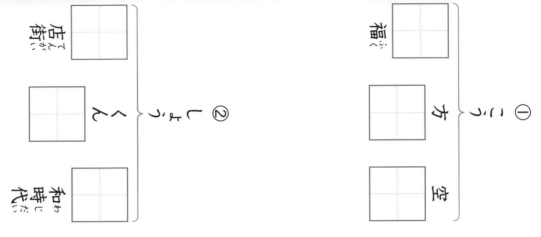

5 ［　］に同じ読み方で、意味のちがいから漢字を書きましょう。【1つ4点/24点】

① ふく

② しょう

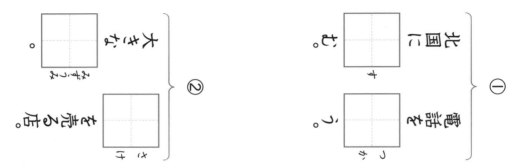

4 ［　］に同じ部首の漢字を書きましょう。【1つ4点/16点】

① 北国に〔す〕む。　電話を〔か〕つ。

② 大きな〔みせ〕。　〔さけ〕を売る店。

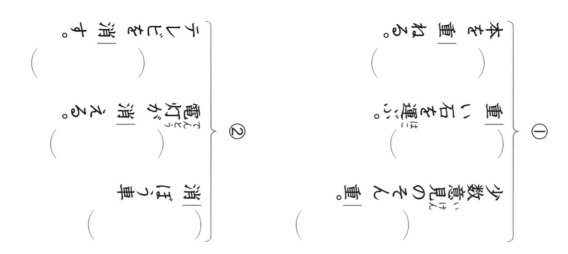

3 ―線の漢字の読みがなを（　）に書きましょう。【1つ3点/18点】

① 本を重ねる。（　）　石を運ぶ。（　）　少数意見の尊重。（　）

② テレビを消す。（　）　電灯が消える。（　）　消ぼう車。（　）

植・申・身・神・真・深・進・世

1 □に漢字を書きましょう。

一つ2点【32点】

①  がのびる。

②  を分類する。

③ 一歩  する。

④  の海で泳ぐ。

⑤  のおみくじ。

⑥  しこみの受けつけ。

⑦ 友じょうを  める。

⑧ 妹の  をやく。

⑨  にいのる。

⑩ 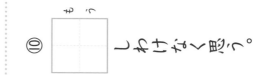 しわけなく思う。

⑪ 池の  を調べる。

⑫ 庭にばらを 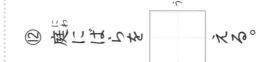 える。

⑬  が集まる。

⑭ 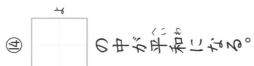 の中が平和になる。

⑮  を語る。

⑯ 船が海上を 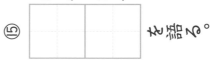 む。

クイズ
① 「しん」を漢字で書きます。
② 「深」、「しん」…
③ 「しん」を使う…
しん後のはどれかな？

「しん」は、ぶん「心」がいちばんだよ。

2 □に漢字を書きましょう。　1つ4【68点】

① メダルを
　しょう
　に出す。

② が
　かん　せん
　おそれがある。

③ へんな
　かお
　しんを
　する。

④ 科学の
　し　ん
　ぽ。

⑤ のう
　せ　けん
　のうわさ。

⑥ が
　しん
　のような出来事。

⑦ の星空。
　ま　よ　なか

⑧ 知
　しが
　ぶ　か
　まる。

⑨ なえ木を
　いしょく
　する。
　＊…他の場所にうつすこと。

⑩ に
　かい
　せ
　名をいう。

⑪ 話し合いを
　す
　す
　める。

⑫ が
　ほん　しん
　だったかな。
　＊…本当の気持ち。

⑬ 花だんに花が
　さく。

⑭ に
　ふく
　かい
　合わせる。

⑮ な
　みっ
　ちゃ
　話題だ。

⑯ し
　じゅう
　分な仕上がり。

⑰ 生命の
　しん
　びを感じる。

整・昔・全・相・送・想・息・速

1 □に漢字を書きましょう。　1つ2点【32点】

① ［せんいん］が集まる。

② 入場を［せいれつ］して待つ。

③ ［そう］料は五百円だ。

④ ゆっくり［いき］をはく。

⑤ ここは、［むかし］、海だった。

⑥ 未来の町を［そう］ぞうする。

⑦ ［じそく］六十キロ

⑧ 百円［そうとう］のおかし。

⑨ 目で合図を［おく］る。

⑩ ［きゅうそく］な都市化。

⑪ か去を［かいそう］する。

⑫ ［あいて］の動きを見る。

⑬ 朝食を［すべ］て平らげる。

⑭ ことの［ととの］った文章を書く。

⑮ ［むかしばなし］のおひめ様。

⑯ 木かげで［きゅうそく］する。

答え ▶ 90ページ

「想」の部首はどれかな？
① 木 ② 目 ③ 心

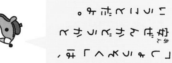

「へん」は、いちばん左がわにくることが多いよ。

２ □に漢字を書きましょう。【4つ68】

⑧ 知人の〈　〉〈　〉（しょう・そく）を聞く。
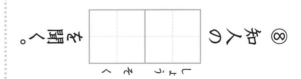

⑦ 〈　〉（お）りをただしくかまえる。
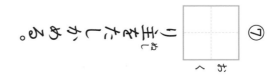

⑥ かがみを〈　〉（の・ぞ）える。

⑤ 〈　〉〈　〉（お・お・む・か・し）の生物。
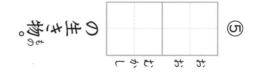

④ 友達（ともだち）の〈　〉（あ・い）しょう。
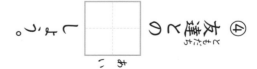

③ 〈　〉〈　〉（り・そう）的な生き方。
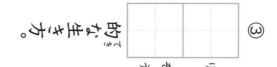

② 〈　〉〈　〉（せ・い）をくらべる。

① だれもが〈　〉〈　〉（た・せ）を〈　〉く。

⑰ 〈　〉〈　〉（そ・う）の世界（せかい）。
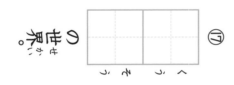

⑯ 〈　〉〈　〉（て・そ・う）を見てもらう。
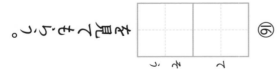

⑮ 〈　〉〈　〉（ひ・と・む・か・し）前の出来事（できごと）。
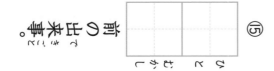

⑭ 〈　〉〈　〉（そ・う）を投（な）げる。
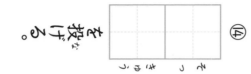

⑬ 〈　〉〈　〉（き・き）がいけない。
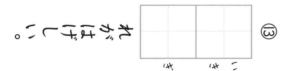

⑫ 頭（あたま）の回転（かいてん）が〈　〉い。

⑪ 〈　〉（せ・い）然（ぜん）とした町なみ。
※せい然…はっきりとととのっている様子。
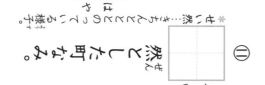

⑩ 〈　〉（だい）代を〈　〉〈　〉（そ・う・き・ん）する。
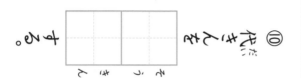

⑨ 〈　〉（まった）く同（おな）じ服（ふく）の人形（にんぎょう）。

17

族・他・打・対・待・代・第・題

1 □に漢字を書きましょう。

ひとつ2点【32点】

① □□□（すいぞくかん）に行く。

② 順番を□（ま）つ。

③ 金づちでくぎを□（う）つ。

④ □□（けんこう）

⑤ 作文の□（だい）材をさがす。

⑥ 投手が□□（こうたい）する。

⑦ □（ほか）の日は都合が悪い。

⑧ □（せ）□□（だい）にやりとげる。

⑨ 小説の□□□（だいこうしょう）。

⑩ 強てきと□（たい）戦する。

⑪ 有名人が□□（だいかん）する。

⑫ 花束を、お礼に□（か）える。

⑬ □□（かぞく）の写真をとる。

⑭ 四番□□（だしゃ）になる。

⑮ □□（わだい）をかえる。

⑯ 宿□（だい）機する。

＊だい機…じゅんびして、まつこと。

「代」を「だい」と読むのは、どれかな？
① 本代　② 文代　③ 代表

答え ▶ 90ページ

2 □に漢字を書きましょう。 1つ4〔68点〕

① まんがの□□□に。

② □□□□の考え。

③ 国王の□□。

④ 父の少年□□。

⑤ □□□を記録する。
※ヒット…野球で、ヒットの数。

⑥ □□の持ち物。

⑦ 赤組と白組の□□。

⑧ 美しい□□□。

⑨ 駅で□□合わせる。

⑩ □□身がまえる。

⑪ □□の方法をためす。

⑫ □□の夏休み。
※たい望…ずっと待ち望んでいたこと。

⑬ □□の明かり。

⑭ 重要な課□に取り組む。

⑮ 母の□□に行く。

⑯ 生物の種□□を調べる。

⑰ 八十点□□□だ。

「もらう」の「らう」は、「ろう」ではなく「らう」と書くよ。

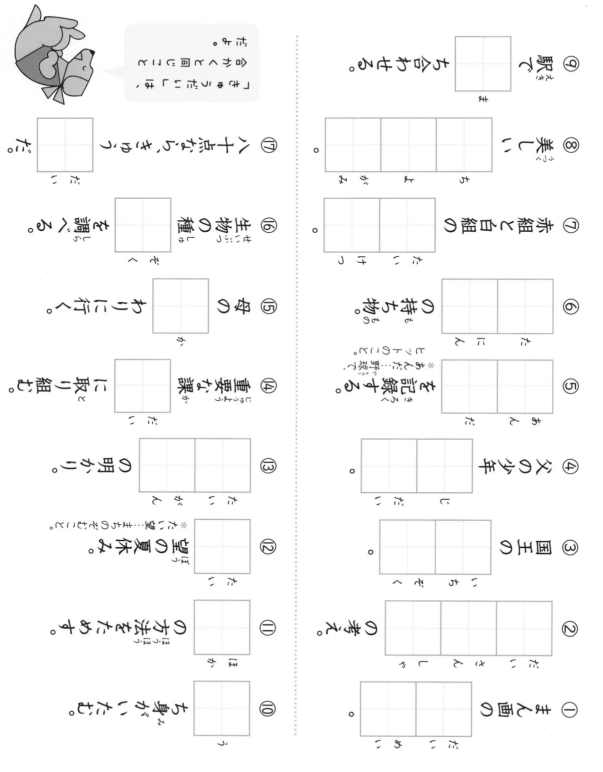

18

炭・短・談・着・注・柱・丁・帳

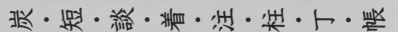

1 □に漢字を書きましょう。

ひとつ2点【32点】

① 兄に[そう][だん]する。

② [たん]サンジュースを飲む。

③ [いっ][ちょう][め]に住む。

④ 川の水が海に[そそ]ぐ。

⑤ [たん][じ][かん]ねむる。

⑥ セーターを[き]る。

⑦ しも[ばしら]をふむ。

⑧ [て][ちょう]を持ち歩く。

⑨ [ちゅう][もく]を集める。

⑩ テントの[ちゅう]を立てる。
＊しちゅう…ささえるはしら。

⑪ [せん][ちゃく]順にならぶ。

⑫ [ち][ず][ちょう]を開く。

⑬ [でん][ちゅう]が立ちならぶ。

⑭ テレビの[たい][だん]番組。

⑮ 木をやいて[すみ]を作る。

⑯ そでが少し[みじか]い服。

2 □に漢字を書きましょう。　1つ4点【68点】

① □□で魚をとる。

② おもしろい□□。

③ □□に□する。

④ 包□□□で肉を切る。

⑤ 自分の□□を知る。

⑥ 工事に□□する。

⑦ □□を食べる。

⑧ □□□を買う。

⑨ 目的地に□する。

⑩ ＊てんもん……天体や宇宙に関する両側のはしら。の□□の表札を見る。

⑪ □□に説明する。

⑫ 船を岸に□ける。

⑬ □□をそやす。

⑭ 銀行の□□□。

⑮ 足元に□□する。

⑯ 病院の□□□。

⑰ ポットに湯を□。

「ベル」は「くべる」、「える」「だえる」とかきます。

 **19** 調・追・定・庭・笛・鉄・転・都

目標10分　とく点　月　日

1 □に漢字を書きましょう。　一つ2点【32点】

① た□（ふえ）をふく。

② □□□（じてんしゃ）で走る。

③ きそくを□（さだ）める。

④ テレビの□□（ちょうし）が悪い。

⑤ にげた小鳥を□（お）う。

⑥ □□（こうてい）のごみを拾う。

⑦ □□□（ちかてつ）の改札口。

⑧ □□（とし）開発の計画。

⑨ パンを□□（ついか）注文する。

⑩ 兄は□（てつ）ぼうがとく意だ。

⑪ 王宮の□□（なかにわ）。

⑫ 相手の□□（つごう）を聞く。

⑬ □□（きてき）が港にひびく。

⑭ ボールが□（ころ）がる。

⑮ 漢字の画数を□（しら）べる。

⑯ 天候が□□（あんてい）する。

クイズ

① つい ② なった。 ③ ふい

「あの足、雨に降った。」の「足」は、「なん」と読むのかな？

２ □に漢字を書きましょう。

一つ4点【68点】

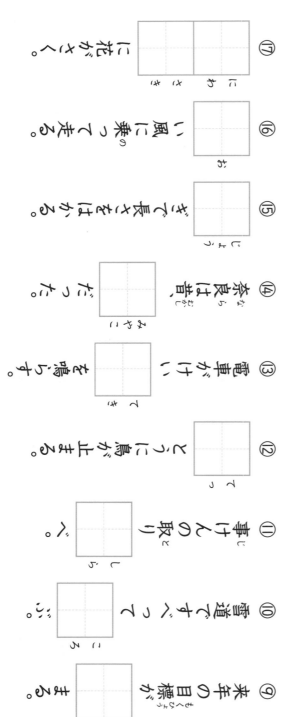

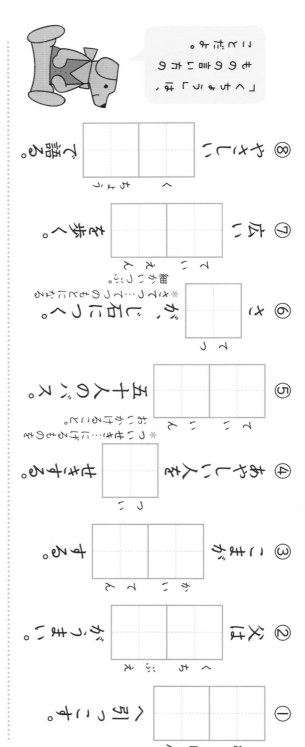

① □□を引いています。

② 父は □□□□□ います。

③ □□□ がはまいにする。

④ あしい人を □□ せる。

⑤ 五十人の □□ バス。

⑥ □ が、右に左に…といくつにも…とちゅうできえる。

⑦ □□ 広いところを歩く。

⑧ □□ かいに、□で語る。

⑨ 来年の目標が □□ まる。

⑩ 雪道ですべって □□ ぶ。

⑪ 事件の取り □□ け

⑫ □□ でんに鳥が止まる。

⑬ 電車がけいに □□ を鳴らす。

⑭ 奈良は昔、□ だった。

⑮ □□ せて長さをはかる。

⑯ □ に風に乗って走る。

⑰ □□ に花がさく。

1 □に漢字を書きましょう。

1つ2点【32点】

① 早めに □□（とう・こう）する。

② □□（そく・ど）を上げる。

③ な□（とう）を食べる。

④ ケーキを三□（とう）に分ける。
※「等分」…ががいに分けるとき」のこと。

⑤ □（しま）の人口がふえる。

⑥ □□（じ・どう）ドアが開く。

⑦ ボールを□（な）げる。

⑧ ぬる□（ゆ）で薬を飲む。

⑨ □（ひと）しい長さのリボン。

⑩ プロ野きゅうの□□（とう・しゅ）。

⑪ 熱□（とう）で消どくする。

⑫ 自由に体を□（うご）かす。

⑬ 柱の□□（きょう・ど）を調べる。

⑭ 外国の山に□（のぼ）る。

⑮ □□□（まめ・でん・きゅう）が光る。

⑯ 無人□（とう）に流れ着く。

2 □に漢字を書きましょう。 ひとつ4てん[68点]

① 校庭で □□する

② □□を□て見る

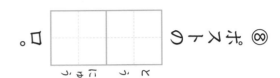

③ 船で□□にわたる

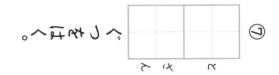

④ □□のはじゅ

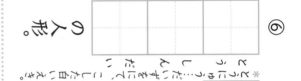

⑤ 料理に□□を使う

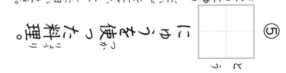

⑥ □□□□の人形

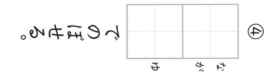

⑦ □□をへる

⑧ ポストの□□口

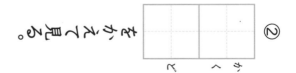

⑨ 畑で□□を作る

⑩ □やり

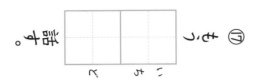

⑪ □□□をもらう

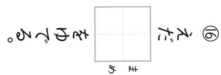

⑫ □□みがとれない

⑬ □□で悪役

⑭ □□をめぐる旅

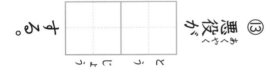

⑮ □せんで体をあらう

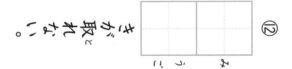

⑯ □□をゆでる

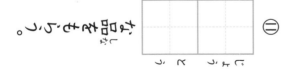

⑰ □もう話す

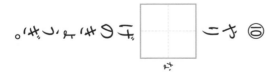

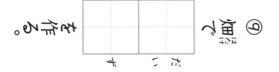

名前

1 □にあてはまる漢字を書きましょう。　1つ3点【30点】

① [せんしん]で風を受ける。

② [しそう]をたしかめる。

③ 親と同じ[せだい]。

④ さいごの[そうてん]。
＊そうてん…とうろんなどを かぎりに決めること。

⑤ [そうじけい]を見る。

⑥ [はしら]にきずがある。

⑦ 室温を[ちょうせい]する。

⑧ 美しい民[ぞく]くらそう。

⑨ 兄の帰りを[ま]つ。

⑩ [だいとう]な関係。

2 ——線の言葉を、漢字と送りがなで（　）に書きましょう。　1つ4点【12点】

① とけいのはりが <u>うごく</u>。 （　　　　）

② さいこうを <u>しるす</u>。 （　　　　）

③ ズボンのすそが <u>みじかい</u>。 （　　　　）

45

5 　に同じ読み方で、意味のちがう漢字を書きましょう。
1つ4点【16点】

① と

□ 場（ば）人（じん）物（ぶつ）

□ 無（む）人（じん）

② ちょう

□ メモちょう

□ 包（ほう）

4 　に同じ部首の漢字を書きましょう。
1つ4点【24点】

①
- □ ちゅう意（い）して見る。
- ふか□い海。
- □（ゆ）を飲の む。

②
- 行（し）□
- 犬が羊（ひつじ）を□（お）う。
- 荷（に）物（もつ）を□（お）う。
- 曲（きょく）を聞（き）□く。

---

3 ──線の漢字の読みがなを（ ）に書きましょう。
1つ3点【18点】

①
- 都（と）会（かい）に住（す）む。　（　　　）
- 都（つ）合（ごう）をつける。　（　　　）
- 都へ行く。　（　　　）

②
- 学校に着く。　（　　　）
- 洋（よう）服（ふく）を着る。　（　　　）
- 着（せ）席（き）する。　（　　　）

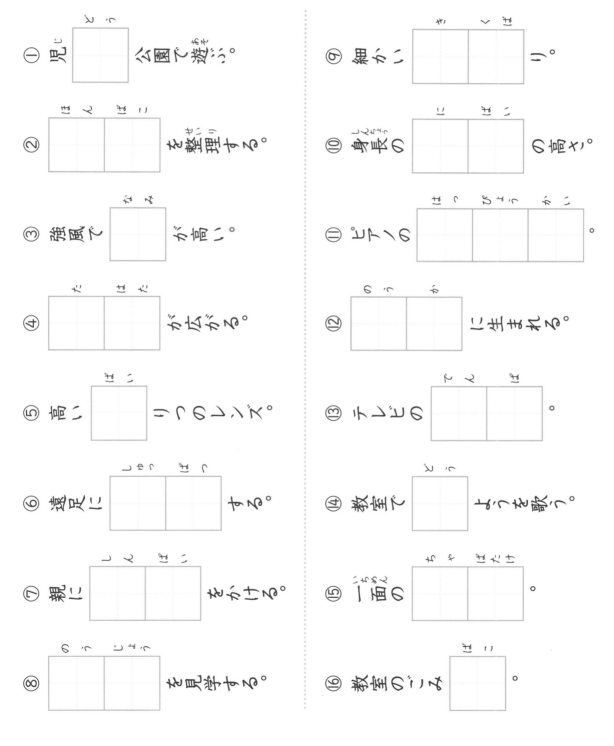

22 童・農・波・配・倍・箱・畑・発

1 □に漢字を書きましょう。　1つ2点【32点】

① 児[じ]□[どう] 公園で遊[あそ]ぶ。

② □□[ほんばこ] を整理[せいり]する。

③ 強風で□[なみ]が高い。

④ □□[たはた] が広がる。

⑤ 高い□[ばい]りつのレンズ。

⑥ 遠足に□□[しゅっぱつ] する。

⑦ 親に□□[しんぱい] をかける。

⑧ □□[のうじょう] を見学する。

⑨ 細かい□□[きくば] り。

⑩ 身長[しんちょう]の□□[にばい] の高さ。

⑪ ピアノの□□□[はっぴょうかい] 。

⑫ □□[のうか] に生まれる。

⑬ テレビの□□[でんぱ] 。

⑭ 教室で□[どう]ようを歌う。

⑮ 一面[いちめん]の□□[ちゃばたけ] 。

⑯ 教室のごみ□[ばこ] 。

「宙」を「ちゅう」と読むのは、どれかな？
① 茶宙
② 田宙
③ 麦宙

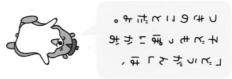
「ちゅう」は、「ちゅうがえり」の「ちゅう」とおぼえようね。

2 □に漢字を書きましょう。

ひとつ4点[80点]

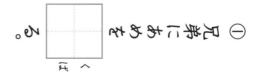
① 兄弟に あめ をへる。

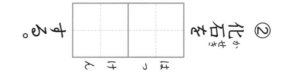
② 化石を □□する。

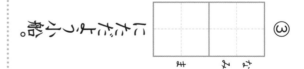
③ ただみなと にたたかう船

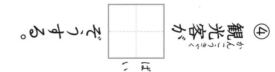
④ 観光客が □□にのる船

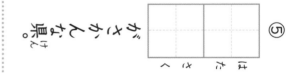
⑤ □□たいへ とそうする。

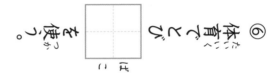
⑥ 体育で とびばこ を使う。

⑦ □□のうが広がる。

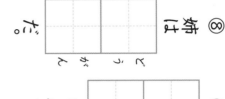
⑧ 姉は □□だ。

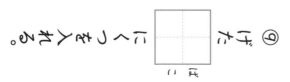
⑨ □□ に げた をいへつを入れる。

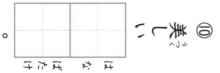
⑩ □□な 美しい

⑪ □□のやへ の研究をする。

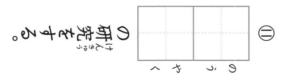
⑫ □□わ ぐリム を読む。

⑬ 新商品の □□つ日

⑭ 港を守る番 □□は て に。

⑮ □□へ げきの を決める。

⑯ □□はしと い を手伝う。

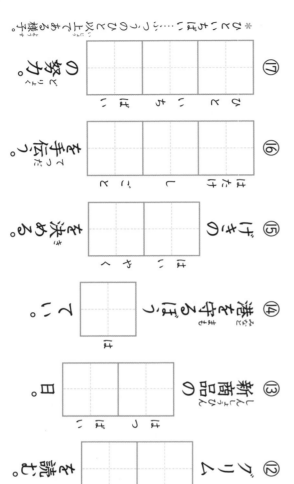
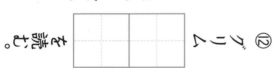
⑰ □□ひとつとち はに の努力。

23 反・坂・板・皮・悲・美・鼻・筆

目標 10分　月　日　とく点　点

1 □に漢字を書きましょう。　一つ2点【32点】

① □□（こくばん）に字を書く。

② 手の□（ひ）ふがあれる。

③ □□（はなぢ）を止める。

④ □□（はんたい）意見を言う。

⑤ □□（ひめい）が聞こえる。

⑥ □（うつく）しい風景。

⑦ □□（さかみち）がつづく。

⑧ □（ふで）をあらう。

⑨ むねを□（そ）らす運動。

⑩ □（さか）の上に教会がある。

⑪ 校内□□（びか）活動の日。

⑫ りんごの□（かわ）をむく。

⑬ 漢字の□（ひっ）順をおぼえる。

⑭ □（はな）をかむ。

⑮ □（かな）しい物語を読む。

⑯ 木の□（いた）で、たなを作る。

クイズ
「へつい」を漢字と送りがなで書くと、どれかな？
①実い　②実しい　③実い

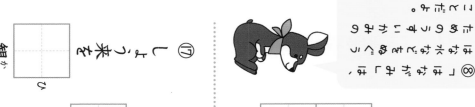

2　□に漢字を書きましょう。　1つ4点【68点】

⑧みなさんは、「はなやか」のおくりがなに気をつけましょう。

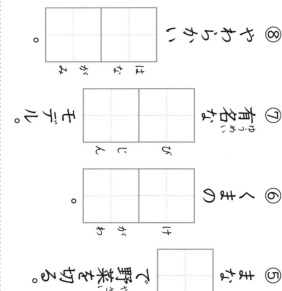
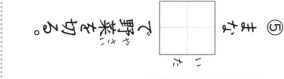
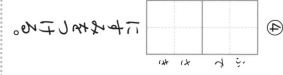

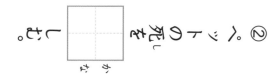
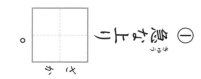
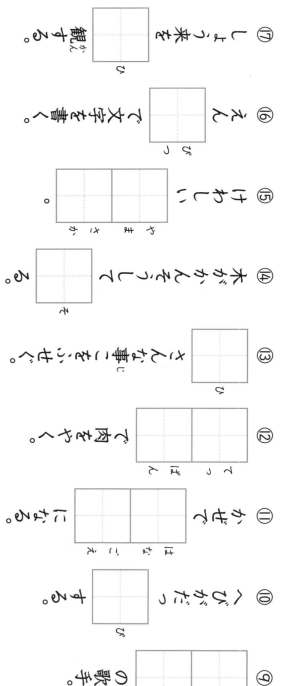

① 急な上り□（さか）。
② ペットの死を□（かな）しむ。
③ 交通□に□□（ちゅうい）する。
④ □□にすみをつける。
⑤ まな□（いた）で野菜を切る。
⑥ な□（わ）の□□。
⑦ 有名（ゆうめい）な□□デル。
⑧ やわらかな□□。
⑨ □□の歌手。
⑩ □□□だつ。する。
⑪ □□せて□になる。
⑫ □□で肉を□く。
⑬ □なしごとを□ぶ。
⑭ 木□を□して□る。
⑮ □□□けわしい。
⑯ □□で文字を書く。
⑰ □うすを観察（かんさつ）する。

24 氷・表・秒・病・品・負・部・服

漢字を書きましょう。

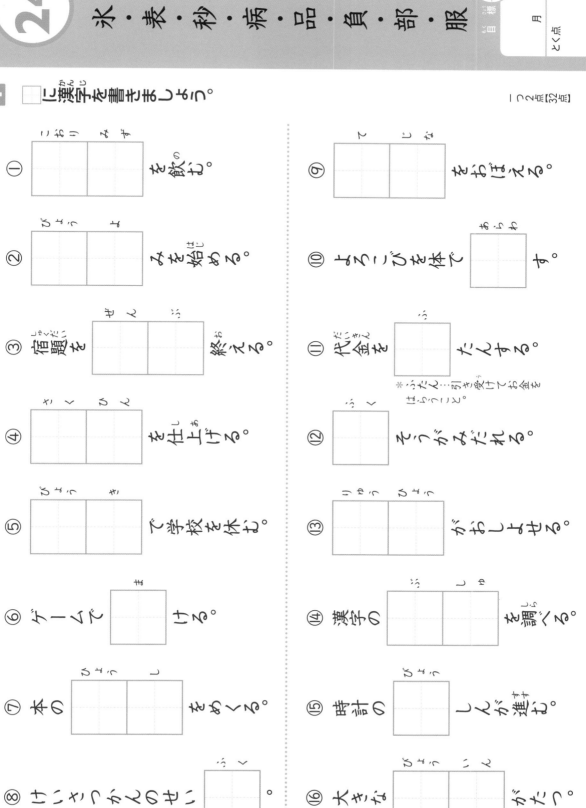

1 □に漢字を書きましょう。

1つ2点【32点】

① こおりみず を飲む。

② びょうよ みを始める。

③ 宿題を せんぶ 終える。

④ さくひん を仕上げる。

⑤ びょうき で学校を休む。

⑥ ゲームで まける。

⑦ 本の ひょうし をめくる。

⑧ けっせつかんのせい ぶく。

⑨ てじな をおぼえる。

⑩ よろこびを体で あらわ す。

⑪ 代金を ふ たんする。
＊ふたん…引き受けてお金をはらうこと。

⑫ ふく がみだれる。

⑬ りょうひょう がおしよせる。

⑭ 漢字の ぶしゅ を調べる。

⑮ 時計の びょう しんが進む。

⑯ 大きな びょういん がたつ。

クイズ

「表」を「おもて」と読むのは、どれかな？
① 表向き
② 代表
③ 表紙

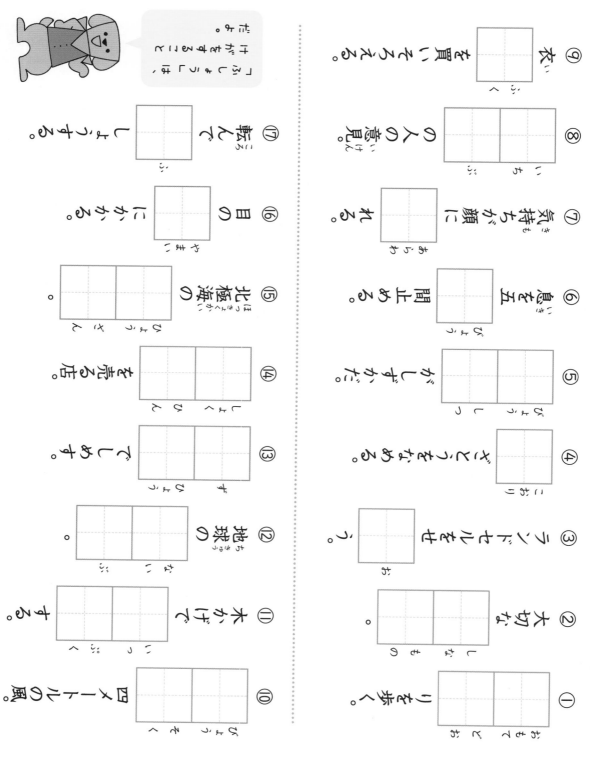

（ふきだし）「ひょう」とよむことばは、これだけだよ。

2 □に漢字を書きましょう。　ひとつ4点【68点】

① □□をあるく。（おもて・どおり）

② 大切な□□。（しな・もの）

③ ラベルを□す。（お）

④ □□をならべる。（に・おり）

⑤ □□がしずかだ。（こ・し）

⑥ 息を五□間止める。（びょう）

⑦ 気持ちが顔に□れる。（あらわ）

⑧ □□の人の意見。（いち・ぶ）

⑨ 衣□を買いにそろえる。（いる）

⑩ □□四メートルの風。（びょう・そく）

⑪ 木かげに□□する。（し・ぶく）

⑫ 地球の□□。（な・ぶ）

⑬ □□でしめす。（ず・ひょう）

⑭ □□を売る店。（しょく・ひん）

⑮ 北極海の□□。（ひ・こおり）

⑯ □の目にあまる。（やま・に）

⑰ □で転んでしまう。（ぶ）

25

福・物・平・返・勉・放・味・命

1 □に漢字を書きましょう。　1つ2点【32点】

① 〔ふく・び〕□□きが当たる。

② 国語を〔べん・きょう〕□□する。

③ ねん土を〔ひら〕□たくのばす。

④ 〔あ・じ〕□□わって食べる。

⑤ 本を図書室に〔かえ〕□す。

⑥ 第一の矢を〔はな〕□つ。

⑦ 〔うん・めい〕□□にさからう。

⑧ 商店街で買い〔もの〕□をする。

⑨ 畑の〔さく・もつ〕□□が実る。

⑩ 〔いのち〕□づなを体につなぐ。

⑪ 〔こう・ほう〕□□をする。
　＊「ごうほう」…おおぜいにつたえること。

⑫ 〔ゆう〕□〔ふ・く〕□□らし。

⑬ 登場〔じん・ぶつ〕□□がそろう。

⑭ 〔びょう・どう〕□□にあつかう。

⑮ 〔み・かた〕□□のチーム。

⑯ すぐに〔へん・じ〕□□をする。

「祝(しゅく)」は、「ネ」ではじまるよ。つくりは「兄」だよ。

2 □に漢字(かんじ)を書きましょう。 1つ4点【68点】

① ___(もの)を大切にする。

② 今日(けさ)にしたがう。

③ ___(ふ)を言う。

④ ___(ぜんしん)に集中する。

⑤ みんなを___(おじ)がらす。

⑥ 信用(しん)の葉書(はがき)だ。

⑦ ほしいた(はな)鳥をこ。

⑧ けついんを祝(しゅく)する。

⑨ ___(たい)らな道を歩く。

⑩ ___(ぜん)の神(かみ)とあくの神(かみ)。

⑪ なしたがいだ...（神様(かみさま)）

⑫ 弟に___(ほう)ボールをなげる。

⑬ ___(しぜん)に然としている様子。

⑭ 好(この)んで___(ばか)り食べる。

⑮ ___(せ)の___(かい)の不思議(ふしぎ)。

⑯ ___(しゅみ)は読書だ。

⑰ 姉はきんじょに___(すんで)いる。

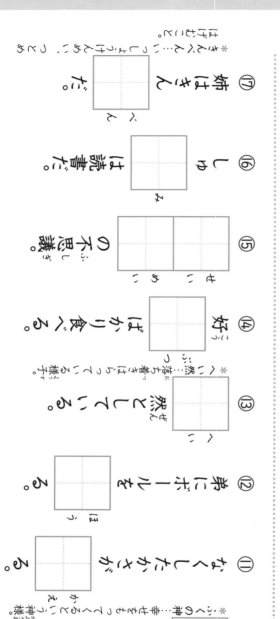
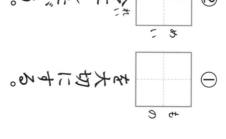

54

1 □に漢字を書きましょう。

1つ2点【32点】

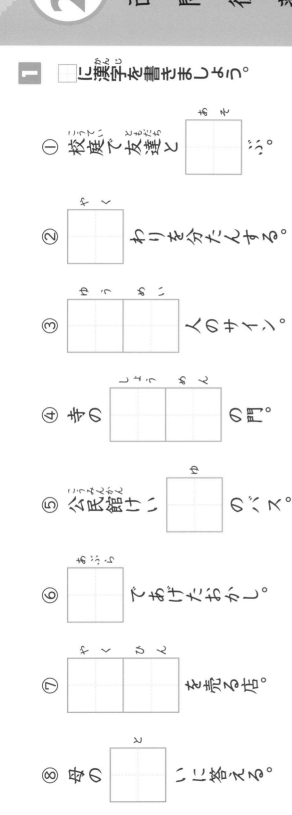

① 校庭で友達と□ぶ。

② □わりを分たんする。

③ □□人のサイン。

④ 寺の□□の門。

⑤ 公民館けい□のバス。

⑥ □であげたおかし。

⑦ □□を売る店。

⑧ 母の□いに答える。

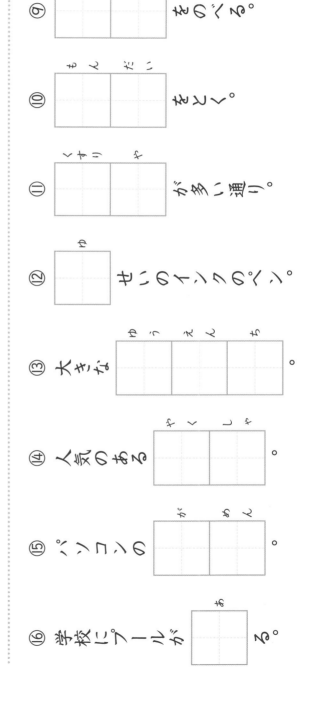

⑨ □□をのべる。

⑩ □□をとく。

⑪ □□が多い通り。

⑫ □せいのインクのペン。

⑬ 大きな□□□。

⑭ 人気のある□□。

⑮ パソコンの□□。

⑯ 学校にプールが□る。

クイズ
「油」の部首はどれかな？
① さんずい
② 田
③ 由

「自由」の「由」は、「ゆう」といういん読みしかないよ。注意しよう。

2 □に漢字を書きましょう。

二年４じ①【68問】

① な□□を買う。（じ・ゆう）

② □□をかけ上がる。（か・だん）

③ 先生に□□をかける。（め・い・わく）

④ 先生に□□□に行く。（し・つ・もん）

⑤ 苦い□□を飲む。（く・す・り）

⑥ 兄が□□をへらす。（あ・ぶ・ら）

⑦ 広場に集合する。（そ・あ）

⑧ 羊毛を□□する。（と・う）

⑨ りょ金をはらって買う。（あ・あ）

⑩ ドラマの□□□。（や・く・しゃ）

⑪ □□らん船に乗る。※ゆう…名しょやめい所などを見物して回る船。（ゆう）

⑫ 県名の□□□。※ゆらい…ゆらい。名まえのいわれ。（ゆ・らい）

⑬ □□なガスが出る。※ゆう…体によくないこと。書き。（ゆう）

⑭ 食品の□□□。※ゆう…体によくないこと。書き。（ゆ・と・う）

⑮ 虫が□□をはう。（し・め・ん）

⑯ □□が生える。（や・く・そ・う）

⑰ □□たんなく見はる。（ゆ）

27

予・羊・洋・葉・陽・様・落・流

目標　月　とく点

1 □に漢字を書きましょう。　1つ2点【32点】

① (たい)(よう)□□ がまぶしい。

② (よう)(ふく)□□ をえらぶ。
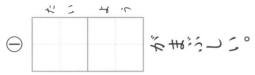

③ いん石が (らっ)(か)□□ する。

④ (あお)(ば)□□ がしげる森。

⑤ 来週の (よ)(てい)□□ 。
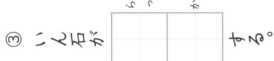

⑥ (おう)(さま)□□ のはなしです。

⑦ なみだを (なが)□ す。

⑧ (ひつじ)□ がいのくらし。

⑨ 川が (ごう)(りゅう)□□ する。

⑩ 明日の天気 (よ)□ ほう。

⑪ (よう)(もう)□□ のセーター。

⑫ (よう)(き)□□ なせいかく。

⑬ オムレツは (よう)(しょく)□□ だ。
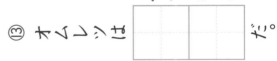

⑭ 美しく (こう)(よう)□□ した山。
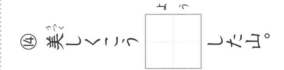

⑮ 本をゆかに (お)□ く。
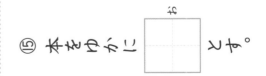

⑯ けがの (よう)(す)□□ をみる。

答え▶92ページ

クイズ

「陽」は何画で書くかな？

① 10画　② 11画　③ 12画

こたえは「②」だよ。
ヒントはうしろのページにあるよ。

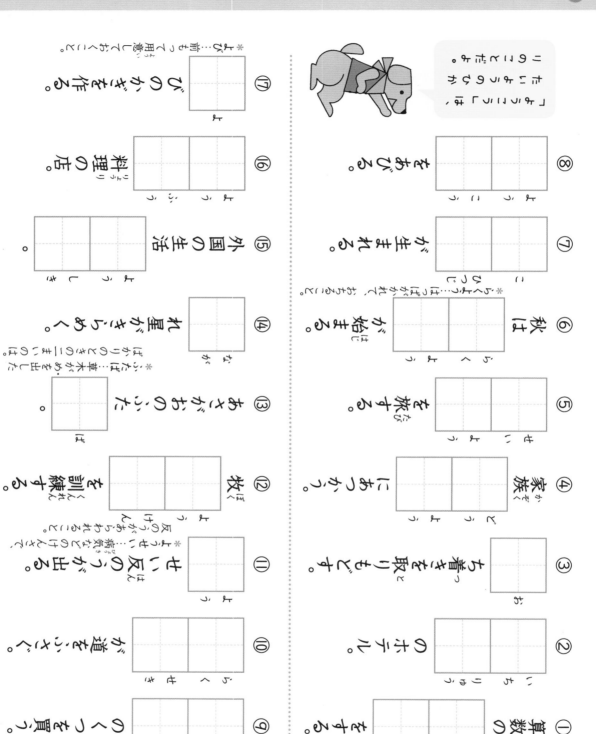

2　□に漢字を書きましょう。

①　算数の□□をする。（けい・さん）

②　□□のホテル。（いち・りゅう）

③　ち□を取るどうぐ。（お）

④　家族□□にあう。（ぜん・いん）

⑤　□□を旅する。（せ・かい）

⑥　秋は□□がはじまる。（しゅう・かく）
※「しゅうかく」は…かりとることだよ。

⑦　□□が生まれる。（い・のち）

⑧　□□をあびる。（に・っ・こう）

⑨　□□のへやを買う。（りょ・かん）

⑩　□□が道をふさぐ。（せっ・き）

⑪　せ□のう□を練習する。（よ・こう）
※「よい」は反たいのいみのことばがあるよ。びょう気がなおることをいうよ。

⑫　牧□の□□を訓練する。（ば・よう）

⑬　あさがおのたねをうえた。（は）
※「は」は…草木のはじめに出るものだよ。

⑭　な□れ星がながめる。（が）

⑮　外国の生活に□□する。（よ・し・き）

⑯　□□料理の店。（よ・う・ふ・う）

⑰　□□のおきものを作る。（よ・び）
※「よび」は…前もって用意しておくことだよ。

【1つ4点（68点）】

28 旅・両・緑・礼・列・練・路・和

月　　日

とく点

1 □に漢字を書きましょう。

ひとつ2点【32点】

① あつい〔りょくちゃ〕を飲む。

② 〔れっしゃ〕が走る。

③ か族で〔りょこう〕する。

④ バスが〔どうろ〕を通る。

⑤ 〔わしつ〕でね転ぶ。

⑥ ノートの〔れんしゅう〕。

⑦ 〔りょうしん〕と外出する。

⑧ 〔れいじょう〕を書く。
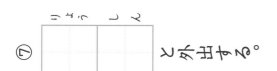

⑨ 〔りょうて〕で顔をあらう。

⑩ 〔こえじ〕を急ぐ。
※こえじ…こえく帰るみち。
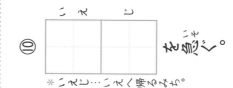

⑪ 世界〔へいわ〕をねがう。

⑫ 失〔れい〕をわびる。

⑬ 〔いちれつ〕目のせき。

⑭ 外国を〔たび〕する。
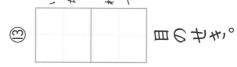

⑮ 〔みどり〕が多い地区に住む。
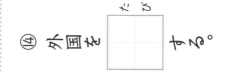

⑯ 計画を〔ね〕り直す。

59

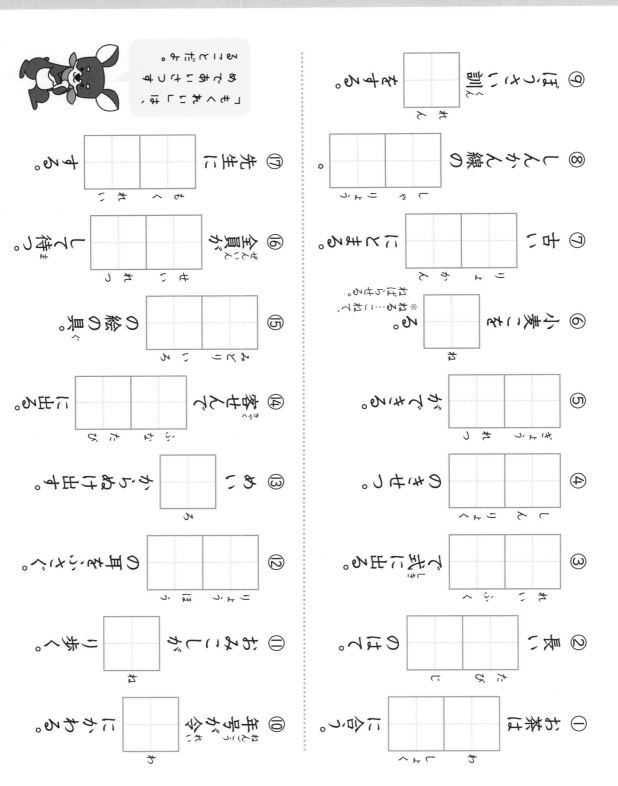

クイズ
「旅」を
①「旅」より
②「旅」と読むのは、
③旅先とは、どれかな？

⑨ ぼうに
□□
訓
をする。

⑧ しんかん線の
□□。

⑰ 先生に
□□
する。

⑯ 全員が
□□
して待つ。

⑮
□□
の総の具。

⑦ 古い
□□
にかよる。

⑥ 小麦を
□る。
*ねる……ねかせる。

⑤
□□
ができる。

⑭ 答えて
□□
に出る。

⑬
□
からねだけ出す。

⑫
□□
の耳をたべる。

④
□□
のしせつ。

③
□
でしきに出る。

⑪ おかしが
□
おかしが
□□
に歩く。

② 長い
□□
のはし。

① お茶は
□□□
に合う。

⑩
□
年号が
□□
にかわる。

ほうびとは、
「ごほうびの
ことだよ。
「ほうび」は
あげるときに
つかうよ。

2 □に漢字を書きましょう。
1つ4点【68点】

60

名前

目標　月　とく点

1 □にあてはまる漢字を書きましょう。　一つ3点【30点】

① ドラマの〔はい〕〔やく〕。

② 〔く〕〔に〕な国にくらす。

③ 〔ふで〕〔ばこ〕のくんを出す。

④ 〔れっ〕〔しゃ〕で出かける。

⑤ バンの〔はん〕〔ぱつ〕〔りょく〕。

⑥ 〔りょ〕〔こう〕の思い出。

⑦ 〔りゅう〕〔ひょう〕が海をおおう。

⑧ 〔れん〕〔しゅう〕〔もん〕〔だい〕。

⑨ 〔は〕〔な〕ごえで歌う。

⑩ 〔ろ〕〔めん〕電車が走る。

＊ろめん電車…道ろにしいたレールを走る電車。

2 ──線の言葉を、漢字と送りがなで（　）に書きましょう。　一つ4点【12点】

① 手料理を あじわう。　（　　　）

② 夜景が うつくしい。　（　　　）

③ 寺を あらわす 記号。　（　　　）

5 □に同じ読み方で、意味のちがう漢字を書きましょう。 1つ4点【16点】

① ゆう
- □□が深い。
- □□期間。

＊「ゆうこう」…「とても役に立つこと。」と、「使える期間」

② びょう
- □□でした。
- 一□三十□分

4 □に同じ部首の漢字を書きましょう。 1つ4点【24点】

① こう
- □□のきせつ。
- 速度が□□をます。
- □□をぬる。

② よう
- □□石。
- 食の□□イベント。
- □□がなみ打ちよせる。

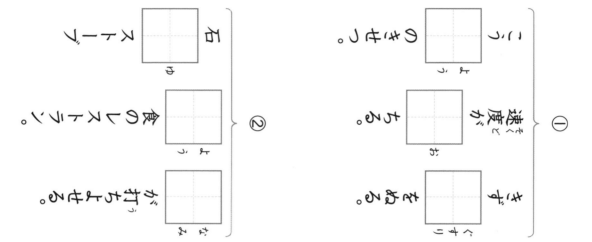

3 ──線の漢字の読みがなを（ ）に書きましょう。 1つ3点【18点】

①
- お店の品物。（ ）
- 作物が育つ。（ ）
- 農作物をゆ入する。（ ）

②
- 弟を負わせる。（ ）
- 決勝で負ける。（ ）
- 事故の負しょう者。（ ）

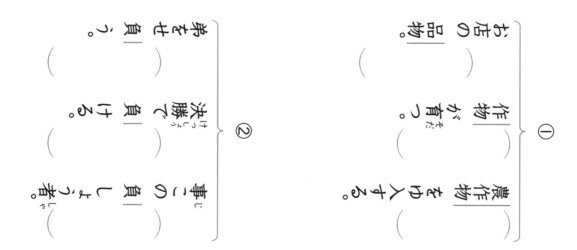

1 □に漢字を書きましょう。　１つ2てん【40てん】

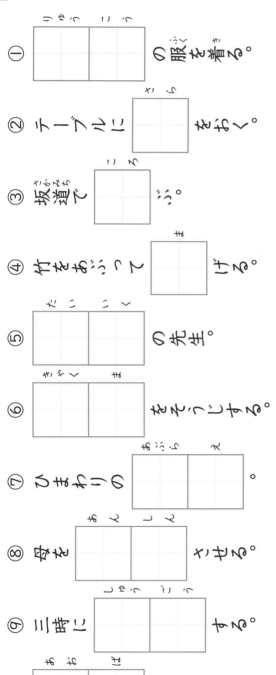
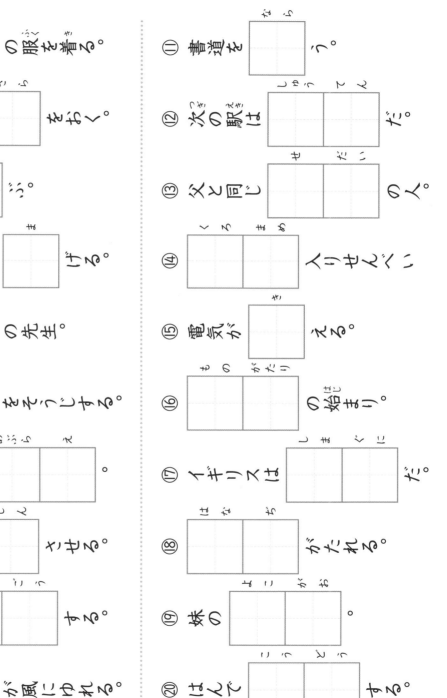

① 「りゅう・じ」□□ の服（ふく）を着（き）る。

② テーブルに「さら」□ をおく。

③ 坂道（さかみち）で「ころ」□ぶ。

④ 竹をあぶって「ま」□げる。

⑤ 「たい・いく」□□ の先生。

⑥ 「きゃく・ま」□□ をそうじする。

⑦ ひまわりの「あぶら・え」□□ 。

⑧ 母を「あん・しん」□□ させる。

⑨ 三時に「しゅう・ごう」□□ する。

⑩ 「おお・ば」□□ が風にゆれる。

⑪ 書道を「なら」□う。

⑫ 次（つぎ）の駅（えき）は「しゅう・てん」□□ だ。

⑬ 父と同じ「せ・だい」□□ の人。

⑭ 「く・ろう」□□ 入りせんぐい

⑮ 電気が「き」□える。

⑯ 「もの・がたり」□□ の始（はじ）まり。

⑰ イギリスは「しま・ぐに」□□ だ。

⑱ 「はな・ばたけ」□□ がたれる。

⑲ 妹の「よこ・がお」□□ 。

⑳ はんで「きょう・どう」□□ する。

2 □ に漢字を書きましょう。

1つ3点【60点】

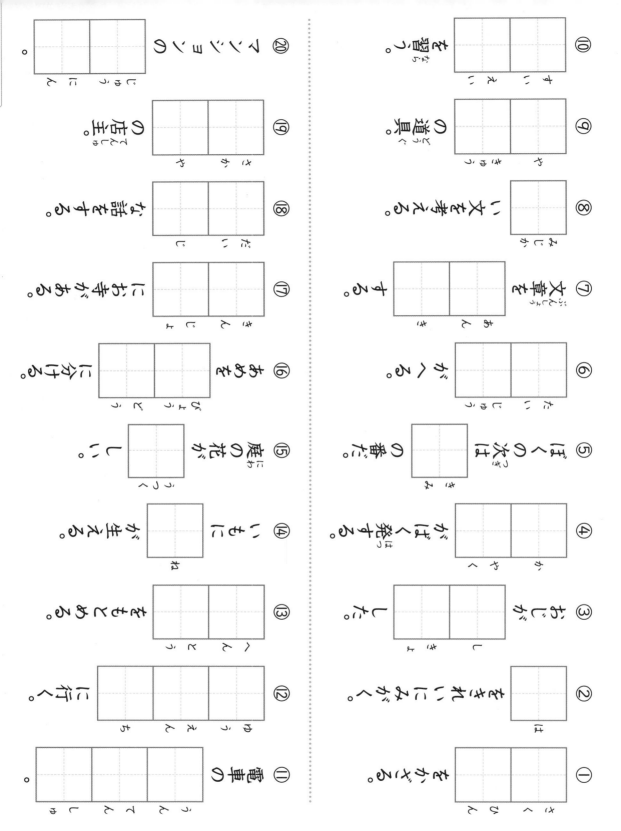

名まえ

目標 15ふん　月　日　とく点

1 □に漢字を書きましょう。

1つ2点【40点】

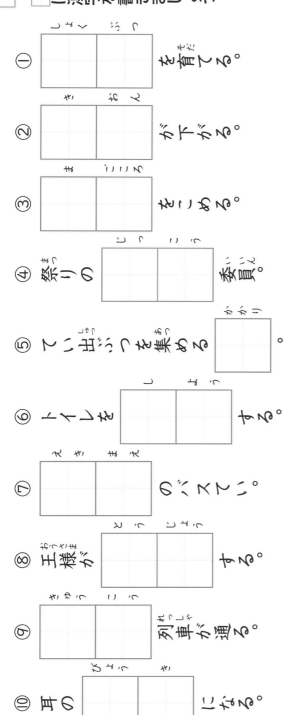

① しょくぶつ を育てる。

② きおん が下がる。

③ まごころ をこめる。

④ 祭りの じっこう 委員。

⑤ こい出合って を集める かかり。

⑥ ノートを しょう する。

⑦ えきまえ のベンチ。

⑧ 王様が とうじょう する。

⑨ きゅうこう 列車が通る。

⑩ 耳の びょうき になる。

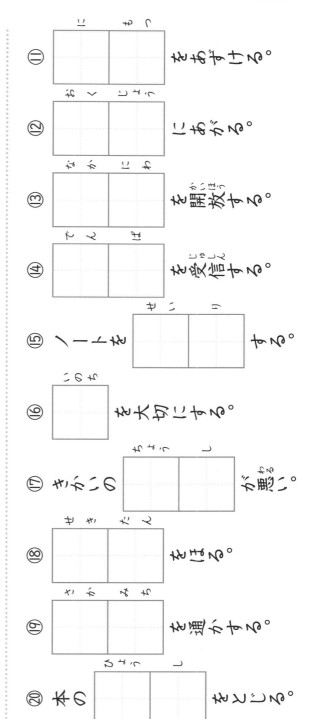

⑪ に もつ をあずける。

⑫ おくじょう にあがる。

⑬ なかにわ を開放する。

⑭ でんぱ を受信する。

⑮ ノートを せいり する。

⑯ このち を大切にする。

⑰ ちょうし が悪い。

⑱ せきたん をほる。

⑲ かみち を通がかする。

⑳ 本の ひょうし をとじる。

□に漢字を書きましょう。　一つ3点【60点】

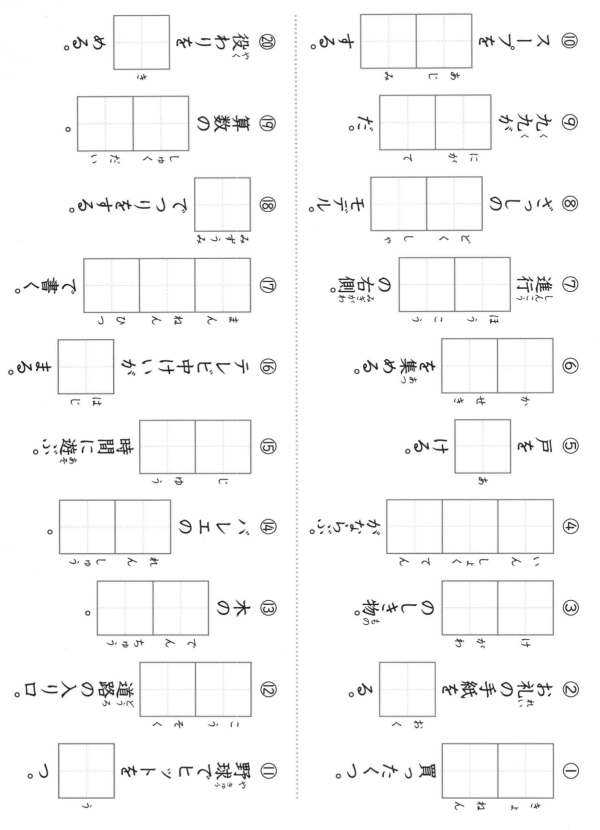

名前

15分　目標　月　日　とく点

1 ▢に漢字を書きましょう。　1つ2点【40点】

① （せい／はん）▢▢に図をかく。

② （ゆ／げ）▢▢がのぼる。

③ 学校での（よう／す）▢▢。

④ ブーメランを（な）▢げる。

⑤ 弟の（しゃ／しん）▢▢をとる。

⑥ （じ／しゃ）▢▢のかんし。

⑦ （しゅ／かん）▢▢に花をわたす。

⑧ （あい／て）▢▢の目を見る。

⑨ （みどり／いろ）▢▢のシャツ。

⑩ （ぜん／ぶ）▢▢かたづける。

⑪ 後は（じ／かい）▢▢にまわす。

⑫ 入場（こう／しん）▢▢をする。

⑬ （あ／せ）▢くとせをかく。

⑭ （おや／ゆび）▢▢のつめを切る。

⑮ テストを（く／ば）▢る。

⑯ 川にかかる（てっ／きょう）▢▢。

⑰ （じょう／ば）▢▢を体験する。

⑱ きそくを（ま／も）▢る。

⑲ ピザを（ひと／し）▢くわける。

⑳ このだいじなほ（ぶ／か）▢▢。

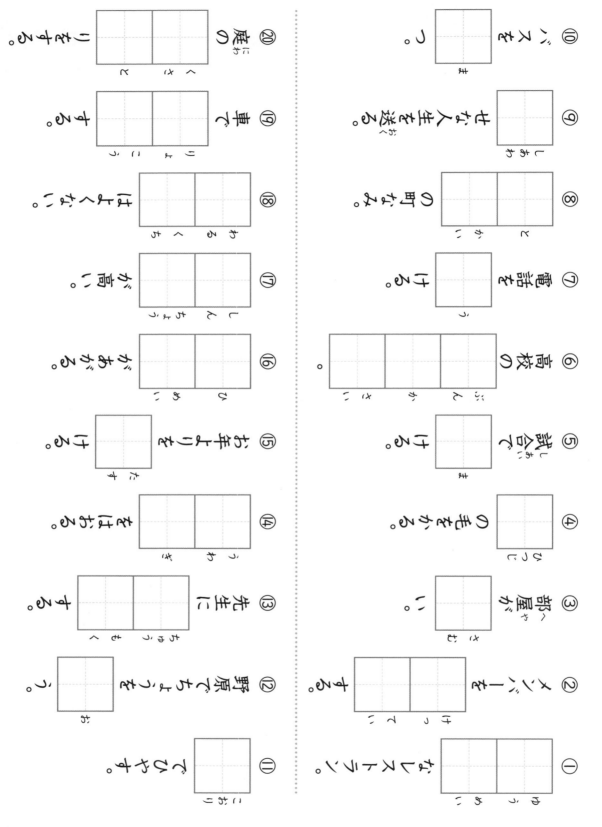

2 □に漢字を書きましょう。

1つ3点【60点】

名前

目標 15分

月 日

とく点

1 □にかんじを書きましょう。 ひとつ2点【40点】

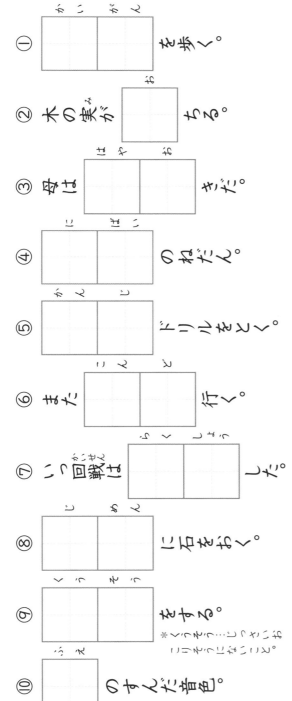

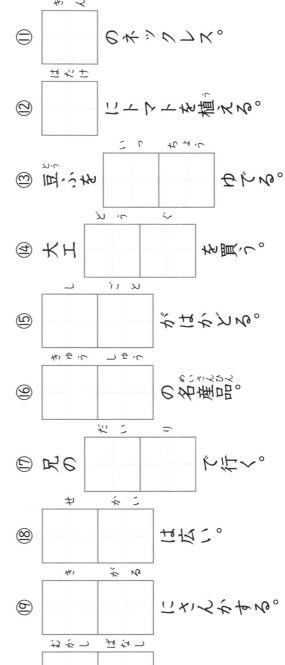

① かいがんを歩く。
② 木の実（み）がおちる。
③ 母ははやおきだ。
④ にばいのねだん。
⑤ かんじドリルをとく。
⑥ またこんど行く。
⑦ こん回（かい）戦（せん）はらいしゅうだ。
⑧ じめんに石をおく。
⑨ くうそうをする。
　＊くうそう…じっさいにはないことをいろいろにおもいえがくこと。
⑩ ふえのすんだ音色。

⑪ きんのネックレス。
⑫ はたけにトマトを植（う）える。
⑬ 豆（とう）ふをこちょうゆでる。
⑭ 大工（だいく）どうぐを買う。
⑮ しごとがはかどる。
⑯ だいりの名産品（めいさんびん）。
⑰ 兄のだいりで行く。
⑱ せかいは広い。
⑲ きがるにへんかする。
⑳ むかしばなしの絵本を読む。

2 □に漢字をかきましょう。 【1問3点／60点】

① □□の意見を言う。（は・く・た・い）

② スーツの□□。（て・ん・い・ん）

③ □□をかぐ。（き）

④ □□のかんきょう。（こ・く・た・い）

⑤ 町の□□にあるおりる駅。（ち・ゅ・う・お・う）

⑥ □のためがたおれる。（き）

⑦ 神社に□□（おまいり）に行く。（さ・ん）

⑧ □□を横切る。（せ・ん・ろ）

⑨ □□のドラマ。（は・ん・て・う）

⑩ □□からバスで帰る。（へ・い・こ）

⑪ □□□で話す。（が・く・き・ゅ・う・し・ん）

⑫ □□のつなを切る。（り・ょ・う・て）

⑬ □□□の市。（と・し・か・ん）

⑭ □□に雪がかかる。（た・い・よ・う）

⑮ 真実を□□する。（き・ゅ・う・め・い）

⑯ □□をのぞむ。（へ・い・わ）

⑰ □□の高校。（け・ん・り・つ）

⑱ □□文をかく。（あ・ん・な・い）

⑲ □□てひくを買う。（や・き・ゅ・う・へ・ん）

⑳ □□を数える。（じ・ゅ・う・じ・ょ・う）

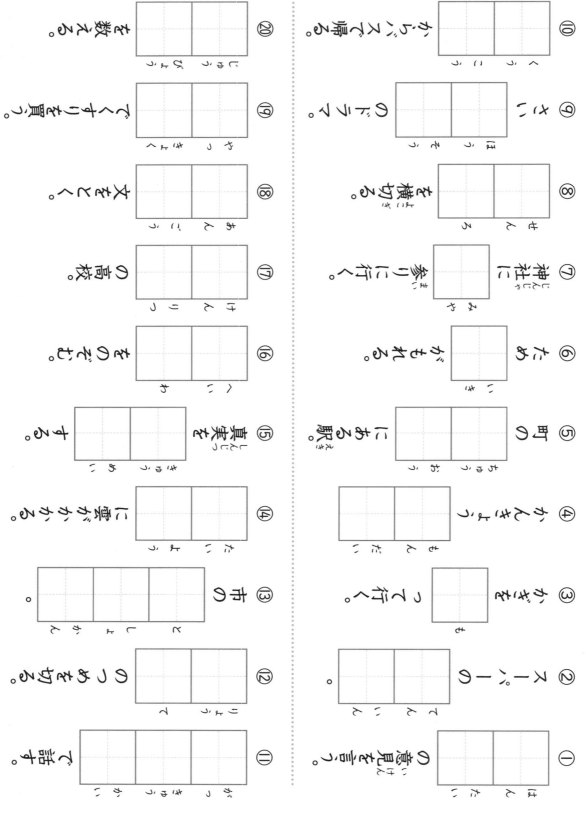

なまえ

15分

もくひょう目標　月　日　とく点

1 □に漢字を書きましょう。　　ひとつ2点【40点】

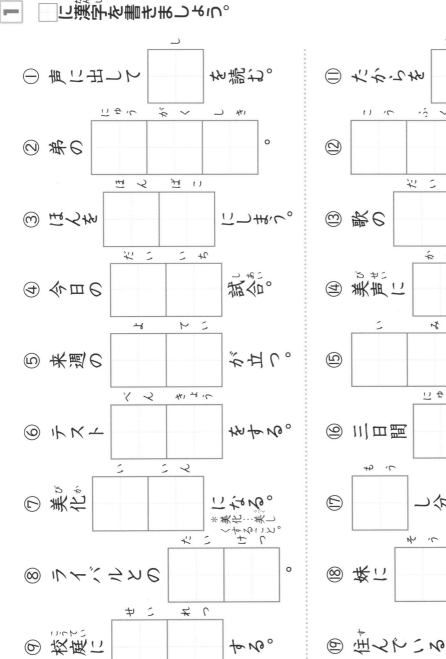

① 声に出して［し］□を読む。

② 弟の［にゅうがくしき］□□□。

③ は（ほ）んを［ほんばこ］□□にしまう。

④ 今日の［だいいち］□□試合。

⑤ 来週の［よてい］□□が立つ。

⑥ テスト［べんきょう］□□をする。

⑦ 美化［いいん］□□になる。
　＊美化…美しくすること。

⑧ ライバルとの［たいけっせん］□□。

⑨ 校庭に［せいれつ］□□する。

⑩ ［ちょうれい］□□であいさつする。

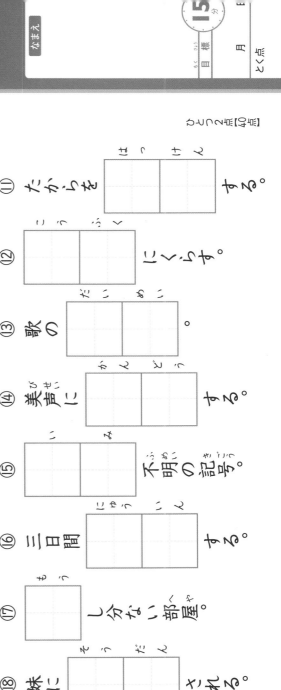

⑪ たからを［はっけん］□□する。

⑫ ［こうふく］□□にくらす。

⑬ 歌の［だいめい］□□。

⑭ 美声に［かんどう］□□する。

⑮ ［いみ］□□不明の記号。

⑯ 三日間［りょこう］□□する。

⑰ ［もう］□し分ない部屋。

⑱ 妹に［そうだん］□□される。

⑲ 住んでいる［ちく］□□。

⑳ 母は［わふく］□□が似合う。

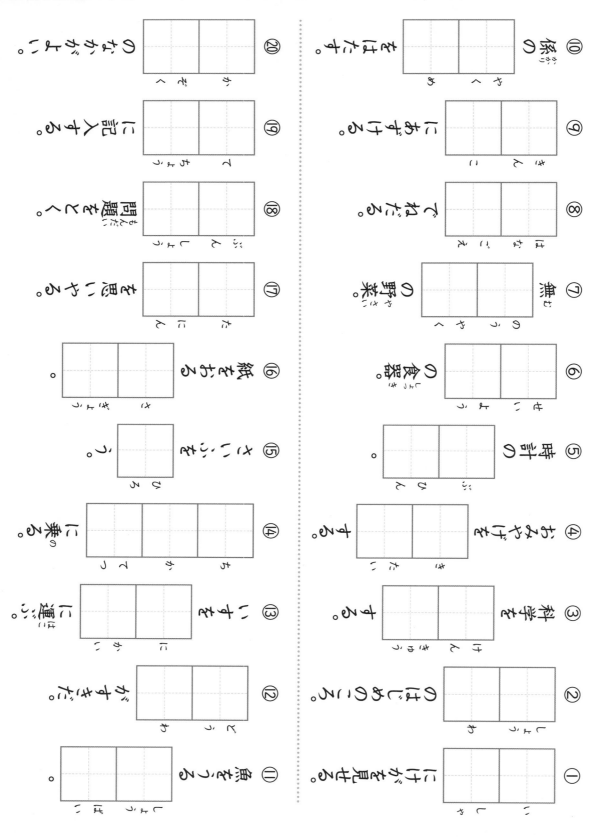

2 □に漢字を書きましょう。

1もん3てん【60点】

35　便・老・折・昨・札

1（　）には読みがなを、□には漢字を書きましょう。

1つ4点【40点】

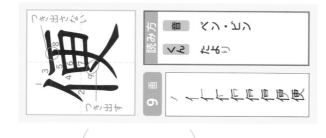

読み方	
音	ベン・ビン
訓	たより
9画	ノ イ イ 行 行 信 信 便 便

（　　　　　）
① 外国から 便 りがとどく。

（　　　　　）
② 便 利な世の中になる。

（　　　　　）
③ ゆう 便 局 に行く。

④ [便じ]□ をさがす。

⑤ [便り]□ りを書く。

読み方	
音	ロウ
訓	おいる・(ふける)
6画	ノ + 土 耂 耂 老

（　　　　　）
① 老 いた犬。

（　　　　　）
② 老後 のことを考える。

（　　　　　）
③ 今日はけい 老 の日だ。

④ 人はみな 老 いる。

⑤ そ母の 老 がん鏡。

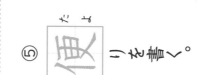

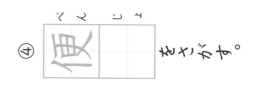

「老がん鏡」は年を取って、近くや小さい物がよく見えない人のためのめがねのことだよ。

2 □には読みがなを、□には漢字を書きましょう。

1つ4点【60点】

札

読み方
音 サツ
へん ふだ

5画
一 ナ オ 札 札

② 新しい表札を作る。
（　　）

① 立て札を立てる。
（　　）

③ なふだをつける。

④ 駅の改札口を通る。

⑤ おさつを数える。

昨

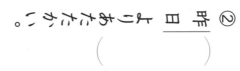

読み方
音 サク

9画
1 ｜
2 日
3 日-
4 日'
5 昨
6 昨
7 昨
8 昨
9 昨

② 昨日より暑かった。
（　　）

① 昨夜はひえた。
（　　）

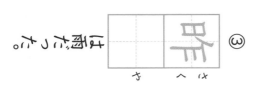
③ さくばんは雨だった。

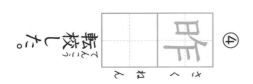
④ さくねん転校した。

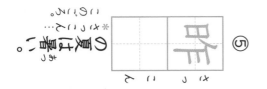
⑤ さくねんの夏は暑い。

折

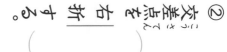

読み方
音 セツ
へん おる・おり・おれる

7画
一 ナ オ 扌 扩 折 折

② 交差点を右折する。
（　　）

① 色紙を折る。
（　　）

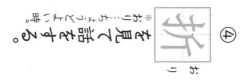
③ おり紙のつる。

④ おり…を見て話をする。

⑤ 足をこっせつする。

目標 15分　月　日　とく点

1 （　　）には読みがなを、□には漢字を書きましょう。　1つ4点【40点】

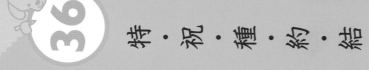

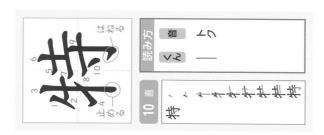

音　トク
訓　—
10画
特

① 特別に作る。（　　）

② 特急列車に乗る。（　　）

③ クラスには特に注意。（　　）

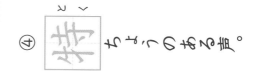

④ 特ちょうのある声。

⑤ 特□のかおり。

音　シュク・（シュウ）
訓　いわう
9画
祝

① 入学祝いをおくる。（　　）

② 祝電を打つ。（　　）

③ 祝日に出かける。（　　）

④ たん生を祝う。

⑤ 卒業式の祝辞。

「祝辞」は、おいわいの気持ちをのべる言葉のことだよ。

2 ( )には読みがなを、□には漢字を書きましょう。

1問4点【60点】

結 12画

読み方
音 ケツ
訓 むす(ぶ)・ゆ(う)・ゆ(わえる)

① リボンを結ぶ。
（　　　）

② 実験の結果がまとまる。
（　　　）

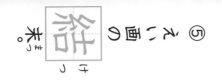
③ ひもを結ぶ。

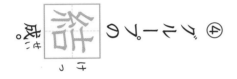
④ グループの結成。

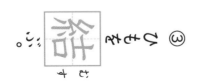
⑤ 絵に画の結末。

約 9画

読み方
音 ヤク

① 約束を守る。
（　　　）

② 宿題を予約する。
（　　　）

③ 百メートルの道。

④ 話を要約する。

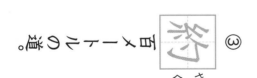
⑤ 電気を節約する。

＊「要約」とは、「要点を短く…大切なところをとらえて、短く結ぶこと」という意味です。

種 14画

読み方
音 シュ
訓 たね

① 種をまく。
（　　　）

② 野菜の品種をかいりょうする。
（　　　）

③ 菜たね油をとる。

④ 虫は種類が多い。

⑤ 木を種別で分ける。

1 （　）には読みがな、□には漢字を書きましょう。 一つ4点【40点】

読み方
音　シ
訓　こころ(みる)・ため(す)
13画
、亠亠言言言計試試

① 何度も試みる。

② 洋服を試着する。

③ 試合に出場する。

④ 実験を試みる。

⑤ 新商品の試□。

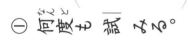

読み方
音　セツ・(ゼイ)
訓　と(く)
14画
、亠亠言言言説説説

① 言葉の意味を説く。

② 小説を読む。

③ 伝説を聞く。

④ 父を説きふせる。

⑤ 理由を説明する。

「言（ごんべん）」のつく漢字は、言葉に関係するよ。

77

2 （　）には読みがなを、□には漢字を書きましょう。

験

験 18画
読み方
音 ケン・（ゲン）
訓 ー
(はらう)

① 受験勉強をする。（　　）

② □に□体験をする。（　　）

③ 試□験を受ける。

④ 科学の□験。
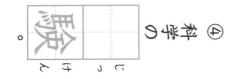

⑤ きちょうな□験。
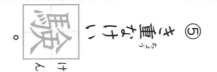

飯

飯 12画
読み方
音 ハン
訓 めし
「食」としない
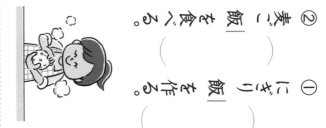

① にぎり飯を作る。（　　）

② 美しい□飯を食べる。（　　）

③ □飯を食べる。

④ □飯までに帰る。
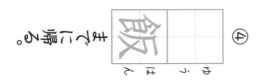

⑤ □飯をたべる。
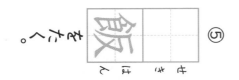

輪

輪 15画
読み方
音 リン
訓 わ

① 指輪を買う。（　　）

② 木の年輪を見る。（　　）

③ 大の首□輪。

④ 輪が回る。
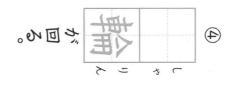

⑤ □輪の花。

1 （　）には読みがなを、□には漢字を書きましょう。

1つ4点【40点】

加
読み方　音　カ
　　　　訓　くわえる・くわわる
5画　フ カ 加 加 加

① しおを 加える。（　）

② 妹を 仲間に 加える。（　）

③ 会議に 参加 する。（　）

④ 人口がふえて □加 する。

⑤ チームに 加わる。

節
読み方　音　セツ・(セチ)
　　　　訓　ふし
13画　竹 竹 節 節

① 体の 節が いたい。（　）

② お金を 節約 する。（　）

③ 寒い 季節に なる。（　）

④ 板の 節を くりぬく。

⑤ 指の 関節。

「関せつ」は、ほねとほねがつながっていて、動けるようになっているところのことだよ。

2 （　）に読みがな（かな）を、□には漢字を書きましょう。

英

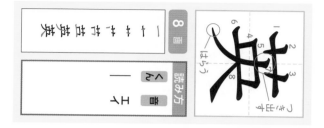

読み方　音 エイ　訓 —
8画　一十十十世芒芒英英

② 英会話教室に通う。（　　　　）
① 英語で話す。（　　　　）

⑤ □（えい）ぶんを読む。
④ □（えい）ゆうにあこがれる。
③ 日本語を□（えい）やくする。

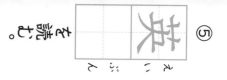
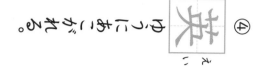

泣

読み方　音 キュウ　訓 な（く）
8画　丶丶冫氵汁汁汁泣泣

② 妹が転んで泣いた。キャキャ言うように。（　　　　）
① 泣きながら言う。（　　　　）

⑤ □（な）き顔を見られる。
④ 赤ちゃんの□（な）き声。
③ うれし□（な）き。

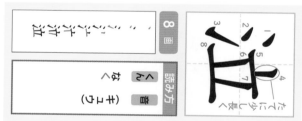
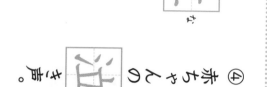
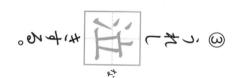

冷

読み方　音 レイ　訓 つめ（たい）・ひ（える）・ひ（やす）・さ（める）・さ（ます）
7画　丶冫冫冷冷冷冷

② 冷気を感じる。（　　　　）
① 手が冷たい。（　　　　）

⑤ □（れい）ぼうをつける。
④ スープが□（さ）める。
③ ジュースが□（ひ）える。

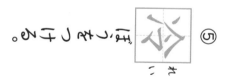

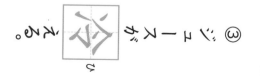

39 笑・必・底・辺・関

1 （　）には読みがなを、□には漢字を書きましょう。

1つ4点【40点】

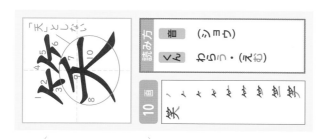

音 （ショウ）
訓 わらう・（えむ）
10画 ＾ ＾ ＾ ＾ ＾ ＾ ＾ ＾ ＾ 笑

① 笑（　　　）い声が聞こえる。

② 福笑（　　　）いで遊ぶ。

③ はらをかかえて笑（　　　）う。

④ にが□わら　笑い

⑤ □わら　笑　顔がかわいい。

音 ヒツ
訓 かならず
5画 ＼ ソ 义 义 必

① 毎朝（　　　）必ず散歩する。

② 必（　　　）勝をいのる。

③ 必（　　　）要な物をそろえる。

④ □かなら　必　ずしも雨とはかぎらない。

⑤ 生活必□ひつ　じゅ品

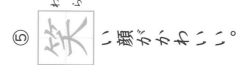

「せいかつ必じゅ品」は、なくてはならない品物のことだよ。

2

に かん字の読みがなを（ ）に書き、□には漢字を書きましょう。 一つ4点【60点】

---

② 虫と花の関係を調べる。
（　　　）

① 関所あとを見る。
（　　　）

14画	読み方
	音 カン
	訓 せき・かかわる

③ 関とり様よこづな。

④ 科学に関心をしめす。

⑤ 交通機関がみだれる。

---

② きょうの地を旅行する。
（　　　）

① 辺りを見回す。
（　　　）

5画	読み方
	音 ヘン
	訓 あたり・べ

③ 辺りが暗くなってきた。

④ 辺の町。

⑤ 家の辺ぴ。

---

② 海底を調べる。
（　　　）

① 底力を発揮する。
（　　　）

8画	読み方
	音 テイ
	訓 そこ

③ 食料が底をつく。

④ 底におがへん。

⑤ 底だけに

40 夫・司・票・順・願

1 （　）には読みがなを、□には漢字を書きましょう。　1つ4点【40点】

夫
読み方　音　フ・（フウ）
　　　　くん　おっと
4画　一二夫夫

① おばの夫は、おじである。

② 社長夫さいに会う。

③ キュリー夫人

④ 姉の夫は、先生だ。

⑤ 夫の仕事。

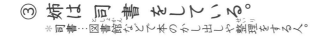

司
読み方　音　シ
　　　　くん　―
5画　フヨヨ司司

① 上司の家に行く。

② ぐんたいの司令官。

③ 姉は司書をしている。
※司書…図書館などで本のかし出しや整理をする人。

④ 学級かいの司会。

⑤ すもうの行司。

「きょうし」は、同じ読み方で漢字の組み合わせであるから注意が書きね。

漢字のれんしゅう

□には読みがなを、□には漢字を書きましょう。

〔合60点〕 1つ4点

願

読み方　音 ガン　訓 ねがう
19画

② 入学願書を書く。（　　）
① 旅の安全を願う。（　　）

⑤ 願望をいだく。
④ 念願のゲームを買う。
③ 願い事がかなう。

順

読み方　音 ジュン
12画

② 道順をおぼえる。（　　）
① 順番にならぶ。（　　）

⑤ 順調に進む。
④ 順序を入れかえる。
③ 順位を上げる。

票

読み方　音 ヒョウ
11画

② 投票所に行く。（　　）
① せんきょの開票が始まる。（　　）

⑤ 票を集める。
④ 伝票に記入する。
③ 票差で決まる。

答え ● 96ページ

1 ──線の漢字の読みがなを（　）に書きましょう。

一つ4点【40点】

① 一輪車に乗る。（　　　　　）

② 昨年、九州に行った。（　　　　　）

③ 荷札をつける。（　　　　　）

④ 進級試験（　　　　　）

⑤ 料理を追加する。（　　　　　）

⑥ 感動して泣く。（　　　　　）

⑦ 英語で書かれた本。（　　　　　）

⑧ 番組の司会者。（　　　　　）

⑨ 地底を調さする。（　　　　　）

⑩ 負けて苦笑いする。（　　　　　）

2 「冷」の漢字の読みがなを（　）に書きましょう。

一つ3点【12点】

① 冷ぞう庫にしまう。（　　　　　）

② 冷たい雨がふる。（　　　　　）

③ 朝と夜は冷える。（　　　　　）

④ 熱湯を冷ます。（　　　　　）

4 ──線の言葉を、漢字と送りがな（　）に書きましょう。
1つ4点【8点】

① かなしそうな顔を持って行く。
（　　　　　　）

② 命にかかわる問題だ。
（　　　　　　）

3 □にあてはまる漢字を、□□□□□からえらんで書きましょう。
1つ4点【40点】

説	種
結	願
約	順
折	節
便	特

① 正しく書き□を書く。

② たくはい□がとどく。

③ □をねじにつける。

④ 千羽□るをおる。

⑤ せつ□明文を読む。

⑥ 十分□にくわれる。

⑦ ひつ□をそなえる。

⑧ 本日の売り□。

⑨ 花の□品を調べる。

⑩ □分の豆をまく。

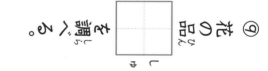
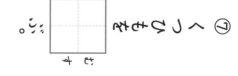
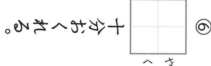
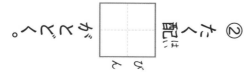

答え と アドバイス

▶まちがえた問題は、何度も練習
やせましょう。
▶ ◎アドバイス も参考に、お子さ
まに指導してあげてください。

おうちの方へ

① 悪・安・暗・医・委・意・育・員 5〜6ページ

1 ①医者 ②暗記 ③委員 ④育 ⑤会員
⑥用意 ⑦安 ⑧悪 ⑨委 ⑩体育 ⑪悪
⑫安心 ⑬暗 ⑭医院 ⑮意見 ⑯全員

2 ①医学 ②暗算 ③教育 ④同意
⑤安定 ⑥委員 ⑦悪化 ⑧委 ⑨育
⑩安売 ⑪意味 ⑫悪者 ⑬歯科医
⑭暗 ⑮育 ⑯委 ⑰一員

クイズ ③（①「こわる」、②「あか」）

◎アドバイス

1 ⑨「ゆだねる」は、「すっかりまかせる」という意味。「禾（しなやかにたれ下がる）」と「女」を組み合わせた字。女が力なくよりかかる様子を表します。

2 ⑮「はぐくむ」は、「守りそだてる」という意味。「教育」の「育」の漢字です。

② 院・飲・運・泳・駅・央・横・屋 7〜8ページ

1 ①運動 ②入院 ③駅 ④中央 ⑤飲
⑥泳 ⑦屋上 ⑧横 ⑨平泳
⑩飲食店 ⑪小屋 ⑫横 ⑬運転
⑭院長 ⑮駅長 ⑯飲

2 ①駅 ②寺院 ③運 ④横道 ⑤飲
⑥屋外 ⑦水泳 ⑧中央 ⑨院
⑩運送 ⑪横 ⑫終着駅 ⑬泳
⑭通院 ⑮横着 ⑯飲酒 ⑰屋根

クイズ ②（「阝（こざとへん）」は三画で書く。）

◎アドバイス

1 ③「駅」は、昔、街道にあった馬の乗りつぎ場を表す漢字です。

④「央」は、大の字に立った人の首に、「一」印をつけた字。真ん中の意味を表します。

⑥「泳」の右側「永」は、点の位置に注意させましょう。

③ 温・化・荷・界・開・階・寒・感 9〜10ページ

1 ①温度 ②開始 ③寒 ④化 ⑤世界
⑥階 ⑦感 ⑧荷台 ⑨化 ⑩感心
⑪荷 ⑫体温計 ⑬開 ⑭寒気 ⑮界
⑯二階

2 ①荷 ②水温 ③開花 ④寒 ⑤感
⑥化石 ⑦界 ⑧階級 ⑨温 ⑩階
⑪寒空 ⑫界 ⑬化 ⑭荷車 ⑮温
⑯開 ⑰五感

クイズ ①（②「世界」、③「げん界」）

◎アドバイス

1 ②「開」は、「开（左右に同じようにそってならぶ）」と「門」を合わせた字。門の扉を左右に開くことを表します。

⑥「階」の右上「比」は、左右それぞれ二画で書きますが、形が少しちがいます。ていねいに書かせましょう。

④ 漢・館・岸・起・期・客・究・急 11〜12ページ

1 ①急行 ②体育館 ③起立 ④期待
⑤海岸 ⑥究 ⑦客船 ⑧漢字
⑨客室 ⑩川岸（河岸） ⑪究 ⑫漢和
⑬急 ⑭期間 ⑮図書館 ⑯起

2 ①漢方 ②期 ③追究 ④会館 ⑤起点
⑥来客 ⑦急 ⑧岸 ⑨悪漢 ⑩起
⑪客 ⑫急用 ⑬岸 ⑭館 ⑮定期
⑯究明 ⑰起

クイズ ③（「漢・感」は十三画、①「階」と②「期」はどちらも十二画。）

◎アドバイス

1 ①「急」の「⺈」を「⺊」とするまちがいが多いので、注意させましょう。

②「館」の右側「官」は、「宮」としないように注意させましょう。

4 (一)泳・漢 (二)客・多

3 (一)へる (二)がら

2 (一)道か (二)曲がる (三)軽い (四)運ぶ

1 (一)悪意 (二)駅員 (三)業界 (四)階級 (五)体育館 (六)医院 (七)化業 (八)感行

---

7 かくにんテスト① 17・18ページ

クイズ ②「苦」は、「くるしい」と考えがちですが、「にがい」という意味です。

アドバイス ①「具」は、「貝」や「見」と形が似ているので、気をつけましょう。

クイズ ②（一）「苦」は「く」や、「にがい」と読む。

2 (一)君主 (二)銀色 (三)用具 (四)苦 (五)苦 (六)血 (七)地区 (八)銀行 (九)保 (十)軽 (十一)苦 (十二)家具 (十三)用具 (十四)苦 (十五)手苦 (十六)血 (十七)君主
身軽 区間

1 (一)具 (二)区 (三)銀紙 (四)苦 (五)軽食 (六)地区 (七)血 (八)係 (九)保 (十)軽 (十一)学区 (十二)浮 (十三)銀石 (十四)苦 (十五)苦 (十六)雨血
家具員 保食員

---

6 銀・区・苦・具・係・軽・血 15・16ページ

アドバイス ①「球」は、「求」の右側の点の向きや位置に気をつけましょう。

②「業」は、筆順に注意して、十三画で書きます。

クイズ ②（一）日（きゅう・ひ）、へん（きゅう・ひ）、は「日」（にち）。

2 (一)野球 (二)去 (三)鉄橋 (四)同級生 (五)去球 (六)去 (七)休業 (八)曲 (九)去手球 (十)去長局 (十一)工業 (十二)石橋 (十三)局面 (十四)球 (十五)高級 (十六)去球
進級 気球

1 (一)曲 (二)局 (三)王宮 (四)球 (五)気球 (六)去 (七)局 (八)曲中 (九)音 (十)局 (十一)去 (十二)右橋 (十三)球 (十四)曲線 (十五)高 (十六)級
工業 宮面
進級 球

---

5 級・宮・球・去・橋・業・局・曲 13・14ページ

アドバイス ①「左」と「右」（みぎ）、②「左」（ひだり）。

5
(一)期 (二)寒・感 (三)暗・安 (四)横・央
起

4 (一)きしゅ （きりう） (二)き （ちう）

アドバイス ①「起」は「己」を最後に書きます。三画で書く漢字です。②「起」の「己」は右側の「ㄴ」を先に書きます。

5 (一)起・県・庫・湖・向・幸・港 19・20ページ

2 (一)県道 (二)方向 (三)港町 (四)決心 (五)湖岸 (六)県庫 (七)研究 (八)県立 (九)向上 (十)向 (十一)決 (十二)研 (十三)県 (十四)幸福 (十五)決 (十六)幸
湖 研究所

1 (一)研 (二)決 (三)港 (四)研究 (五)県内 (六)県外 (七)湖 (八)港 (九)幸 (十)金庫 (十一)幸 (十二)湖面 (十三)幸運 (十四)向 (十五)入港 (十六)幸
県庫 文庫

---

8 決・研・県・庫・湖・向・幸・港 19・20ページ

クイズ ②「上」（まだ）」

アドバイス ①「県」の上部「目」を「日」としないように、注意しましょう。②「仕」の「つくり」を「上」としないように、気をつけましょう。

1 (一)号 (二)死 (三)使 (四)始 (五)仕 (六)死 (七)死上 (八)根 (九)給 (十)死 (十一)開始 (十二)祭日 (十三)大根 (十四)手 (十五)仕 (十六)皿回
祭 羽組

2 (一)番号 (二)皿 (三)上 (四)使 (五)死 (六)小号 (七)死上 (八)根 (九)給号 (十)死者 (十一)死号 (十二)号 (十三)号 (十四)始 (十五)使 (十六)大皿
祭礼 球根 祭手 仕事 使 死

アドバイス ①「死」の一画目の横棒は、右上がりに書きます。②「始」の発音は「し」です。「その日のうちに」のときは、「し」ではじまります。

---

9 号・根・祭・皿・死・仕・使・始 21・22ページ

10 指・歯・詩・次・事・持・式・実 23〜24ページ

1 ①出来事 ②式場 ③指定 ④詩集
⑤歯車 ⑥持 ⑦目次 ⑧実行 ⑨歯科
⑩詩 ⑪次 ⑫実 ⑬持 ⑭形式
⑮食事 ⑯指先

2 ①式 ②指 ③次 ④指 ⑤詩 ⑥実
⑦気持 ⑧虫歯 ⑨事 ⑩実物
⑪詩人 ⑫方式 ⑬歯 ⑭事 ⑮次回
⑯所持 ⑰指名

クイズ ② (一「はらしゃ」、③「こば」)

アドバイス
1 ②「式」は、右上の最後の点を忘れないようにさせましょう。
⑤「歯」の「米」の部分は、点の向きに気をつけて、ていねいに書きます。

11 写・者・主・守・取・酒・受・州 25〜26ページ

1 ①取 ②受 ③九州 ④写真 ⑤主
⑥守 ⑦作者 ⑧酒 ⑨写 ⑩酒
⑪守 ⑫者 ⑬受 ⑭取 ⑮州 ⑯主食

2 ①主役 ②書写 ③受 ④本州
⑤読者 ⑥写生 ⑦取 ⑧酒屋 ⑨守
⑩取 ⑪受 ⑫酒 ⑬守 ⑭写 ⑮主
⑯州 ⑰者

クイズ ③ (一「買い物」、②「着物」)

アドバイス
1 ④「写」は「冖(わかんむり)」、⑥「守」は「宀(うかんむり)」。混同しないように注意させましょう。
⑧「酒」の右側「酉」は、「西」にしないように注意して書かせましょう。
⑫「者」は、人を表します。同じ訓読みの「物」と書き分けさせましょう。

12 拾・終・習・集・住・重・宿・所 27〜28ページ

1 ①拾 ②習字 ③終 ④雨宿 ⑤住
⑥重 ⑦所 ⑧集 ⑨終業 ⑩名所
⑪住所 ⑫集中 ⑬拾 ⑭習 ⑮宿
⑯体重

2 ①歌集 ②重 ③台所 ④拾 ⑤習
⑥住 ⑦三重県 ⑧終 ⑨宿 ⑩命拾
⑪習 ⑫終 ⑬重 ⑭宿屋 ⑮場所
⑯集 ⑰住

クイズ ③

アドバイス
1 一「拾」は、「扌(手)」と「合(ぴったり合って一つになる)」を合わせた字。ちらばっているものを、一か所に集めて取ることを表します。

13 暑・助・昭・消・商・章・勝・乗 29〜30ページ

1 ①勝 ②乗車 ③暑 ④昭和 ⑤商品
⑥助言 ⑦消火 ⑧文章 ⑨暑中
⑩商売 ⑪助 ⑫勝者 ⑬消 ⑭校章
⑮乗 ⑯暑

2 ①消 ②商店 ③勝負 ④暑 ⑤助
⑥消 ⑦章 ⑧乗船 ⑨助走 ⑩暑
⑪乗 ⑫章 ⑬助手 ⑭乗員 ⑮商業
⑯勝 ⑰消化

クイズ ③

アドバイス
1 ⑤「商」は、筆順に気をつけて書かせましょう。
④「校章」は、その学校などを表す、きたいしるしのことです。

14 かくにんテスト② 31〜32ページ

1 ①決勝 ②仕事 ③歯医者 ④詩集
⑤所持 ⑥死守 ⑦終始 ⑧乗 ⑨号
⑩習

2 ①助ける ②受ける ③拾う

3 ①ちょう・おも・かさ
②しゅう・さ・け

4 ①使・住 ②酒・湖

5 ①港・向・幸 ②昭・章・商

アドバイス
4 一「イ(にんべん)」、②「氵(さんずい)」のつく漢字です。

⑰

■ アドバイス

クイズ ③

1
①文代 ②替（替） ③代 ④打 ⑤第一 ⑥文代 ⑦他 ⑧対待 ⑨第一 ⑩文代 ⑪対待 ⑫世界 ⑬家族 ⑭打者

2
①手相 ⑰空想 ⑯整 ⑮適切 ⑭息 ⑬速 ⑫送 ⑪国全 ⑩送金 ⑨全 ⑧消息 ⑦整理 ⑥整 ⑤一音 ④相 ③全国 ②速 ①整

1
①全員 ⑰回想 ⑯休息 ⑮普通話 ⑭整全 ⑬相手 ⑫相当 ⑪整列 ⑩送 ⑨送 ⑧速速 ⑦想 ⑥回想 ⑤大音 ④送 ③速 ②全員 ①音

⑯

■ アドバイス

クイズ ①「しん」「み」 ②「神」「神話」 ③

1
①神 ⑰申意 ⑯真意 ⑮申 ⑭真 ⑬植 ⑫植 ⑪真 ⑩深 ⑨深 ⑧中 ⑦深 ⑥全身 ⑤深 ④進 ③身近 ②身 ①神

2
①神社 ⑯身長 ⑮真実 ⑭申 ⑬進 ⑫水深 ⑪植物 ⑩申 ⑨世話 ⑧深 ⑦神 ⑥進 ⑤身内 ④前進 ③世 ②植 ①身

1
①神様 ⑰世間 ⑯近世 ⑮深 ⑭身内 ⑬世 ⑫深 ⑪植 ⑩進歩 ⑨世様 ⑧深 ⑦深 ⑥申 ⑤後世 ④真夏 ③前 ②全身 ①進

⑮

⑲

■ アドバイス

クイズ ①「あの定」は「…」 ②

1
①追 ②定 ③庭 ④皆 ⑤都 ⑥中庭 ⑦鉄 ⑧庭園 ⑨調 ⑩鉄 ⑪調 ⑫鉄道 ⑬都市 ⑭転 ⑮調 ⑯転 ⑰追

2
①都会 ②都 ③安定 ④汽笛 ⑤定 ⑥定員 ⑦都 ⑧都合 ⑨定 ⑩鉄

1
①皆 ②自転 ③定 ④調子 ⑤追 ⑥校庭 ⑦地下鉄 ⑧都 ⑨定 ⑩転

⑱

■ アドバイス

クイズ ①「柱」は、右側の「…」 ②（十二画）

1
①門柱 ②貝柱 ③注 ④注 ⑤短 ⑥着 ⑦短手 ⑧日記帳 ⑨短所 ⑩通帳 ⑪談話室 ⑫手短 ⑬石炭 ⑭注 ⑮注意 ⑯短 ⑰注

2
①電柱 ②談 ③対談 ④炭 ⑤柱 ⑥注目 ⑦日記帳 ⑧先着 ⑨炭 ⑩柱 ⑪丁 ⑫地図帳

1
①炭 ②短 ③注 ④着 ⑤短時間 ⑥柱 ⑦一丁目 ⑧柱 ⑨注 ⑩短柱 ⑪相談 ⑫丁目 ⑬炭 ⑭着 ⑮炭 ⑯手帳

■ アドバイス

クイズ ①代 ②「族」は、右側の「…」 ③「だ」「ぞく」

1
①代 ②族 ③第一 ④打 ⑤安打 ⑥待 ⑦他人 ⑧千代紙 ⑨待 ⑩他 ⑪他者 ⑫待 ⑬対決 ⑭千代 ⑮待 ⑯第三者 ⑰第

2
①題名 ②第三者 ③対岸 ④待 ⑤題話 ⑥話 ⑦対三 ⑧一族 ⑨第一

20 度・投・豆・島・湯・登・等・勤　43〜44ページ

1 ①登校　②速度　③豆　④等　⑤島　⑥自動　⑦投　⑧湯　⑨等　⑩投手　⑪湯　⑫勤　⑬強度　⑭登　⑮豆電球　⑯島

2 ①運動　②角度　③小島　④長湯　⑤豆　⑥等身大　⑦登山　⑧投入　⑨大豆　⑩投　⑪上等　⑫勤　⑬登場　⑭半島　⑮湯　⑯豆　⑰一度

クイズ ①

アドバイス

1 ②「速」の部首「辶（しんにょう・しんにゅう）」は、最後に三画で書かせます。
④「等」の「⺮（たけかんむり）」は、「艹（くさかんむり）」とまちがえやすいので、気をつけさせましょう。

2 ⑥「等身大」は、「人の体と同じくらいの大きさ」という意味です。
⑧「投入」は、「ものを投げ入れること」という意味。自動販売機のコインを入れる所も「投入口」です。

21 かくにんテスト③　45〜46ページ

1 ①全身　②真相　③世代　④想定　⑤速度計　⑥柱　⑦調整　⑧族　⑨待　⑩対等

2 ①動く　②転がす　③短い

3 ①とかい・ごうう・みやこ　②ちゃく・ちょう

4 ①湯・深・注　②送・追・進

5 ①島・登　②丁・帳

アドバイス

1 ②「真相」は、「本当のすがた」という意味です。「真想」と書きまちがえないように注意させましょう。

2 ②「転がす」は、「回すようにして動かす」という意味です。
③「短い」を「短じかい」「短かい」と書かないように注意させます。

3 ①「都」の音読みは「ト」「ツ」、訓読みは「みやこ」です。

4 ①「ふ（たんず）」②「し（しんにょう・しんにゅう）」のつく漢字です。

22 童・農・波・配・倍・箱・畑・発　47〜48ページ

1 ①童　②本箱　③波　④田畑　⑤倍　⑥出発　⑦心配　⑧農場　⑨気配　⑩二倍　⑪発表会　⑫農家　⑬電波　⑭童　⑮茶畑　⑯箱

2 ①配　②発見　③波間　④倍　⑤畑作　⑥箱　⑦農地　⑧童顔　⑨箱　⑩花畑　⑪農薬　⑫童話　⑬発売　⑭波　⑮配役　⑯畑仕事　⑰人一倍

クイズ ②（①「ちゃばたけ」③「むぎばたけ」）

アドバイス

1 ⑥「発」は、書き順が難しいので、ていねいに順序よく書かせましょう。
⑧「農」の「辰」の部分は、中の横棒を忘れてしまいがちなので注意させましょう。

23 反・坂・板・皮・悲・美・鼻・筆　49〜50ページ

1 ①黒板　②皮　③鼻血　④反対　⑤悲鳴　⑥美　⑦坂道　⑧筆　⑨反　⑩坂　⑪美化　⑫皮　⑬筆　⑭鼻　⑮悲　⑯板

2 ①坂　②悲　③反　④筆先　⑤板　⑥毛皮　⑦美人　⑧鼻紙　⑨美声　⑩皮　⑪鼻声　⑫鉄板　⑬悲　⑭反　⑮山坂　⑯筆　⑰悲

クイズ ②

アドバイス

1 「反」「坂」「板」「皮」は、形がよく似ているので、使い分けに注意して書かせましょう。
⑧「筆」の「⺮（たけかんむり）」は「艹（くさかんむり）」とまちがえやすいので、気をつけさせましょう。

右ページ（上段・26）

26

面・問・役・由・薬・有・油・遊
55〜56ページ

① アドバイス

クイズ ③

1
① 遊
② 役
③ 有名
④ 油
⑤ 理由
⑥ 油
⑦ 薬品
⑧ 問
⑨ 正
⑩ 問題

2
① 太陽
② 西洋
③ 流
④ 同様
⑤ 子
⑥ 様子
⑦ 小羊
⑧ 陽光
⑨ 羊毛
⑩ 洋式
⑪ 陽
⑫ 子羊定
⑬ 葉
⑭ 青葉
⑮ 流行
⑯ 子
⑰ 洋風

27

子・羊・洋・葉・陽・様・落・流
57〜58ページ

① アドバイス

クイズ ①

1
① 遊
② 面
③ 問
④ 市役所
⑤ 由来
⑥ 薬草
⑦ 自由
⑧ 問
⑨ 面
⑩ 主役
⑪ 遊
⑫ 有
⑬ 有
⑭ 問屋
⑮ 正面

2
① 油
② 面
③ 総
④ 役
⑤ 薬

左ページ（上段・25）

25

福・物・平・放・勉・味・命・返
53〜54ページ

① アドバイス

クイズ ②

1
① 返
② 放
③ 人物
④ 平
⑤ 命
⑥ 物
⑦ 放
⑧ 物
⑨ 強
⑩ 返
⑪ 福引
⑫ 追
⑬ 運命
⑭ 平等
⑮ 放
⑯ 福
⑰ 勉

2
① 味方
② 返
③ 命
④ 勉事
⑤ 福
⑥ 返
⑦ 平
⑧ 命
⑨ 平
⑩ 命
⑪ 返
⑫ 福
⑬ 平
⑭ 人物
⑮ 平
⑯ 味
⑰ 生命

24

氷・秒・表・病・品・負・部・服
51〜52ページ

① アドバイス

クイズ ②

1
① 氷
② 秒
③ 全部
④ 流氷
⑤ 病気
⑥ 病院
⑦ 表読
⑧ 服
⑨ 作品
⑩ 部首
⑪ 負
⑫ 服
⑬ 流氷
⑭ 一部
⑮ 氷山
⑯ 病
⑰ 一服

2
① 一秒
② 表
③ 秒速
④ 氷
⑤ 病室
⑥ 表道
⑦ 表
⑧ 表紙
⑨ 手品
⑩ 服
⑪ 負
⑫ 図表
⑬ 内部
⑭ 食品
⑮ 一服
⑯ 病
⑰ 山

28 旅・両・線・礼・列・練・路・和 　59〜60ページ

1 ①緑茶 ②列車 ③旅行 ④道路
⑤和室 ⑥練習 ⑦両親 ⑧礼
⑨両手 ⑩家路 ⑪平和 ⑫礼
⑬一列 ⑭旅 ⑮緑 ⑯練

2 ①和食 ②旅路 ③礼服 ④新線
⑤行列 ⑥練 ⑦旅館 ⑧車両 ⑨練
⑩和 ⑪練 ⑫両方 ⑬路 ⑭船旅
⑮緑色 ⑯整列 ⑰目礼

ミス ②（①「ながたび」。③「たびまち」）

アドバイス

1 ②「列」の左側は、かたかなの「夕」ではありません。上の横棒を忘れないようにさせましょう。
③「旅」は、「族」と形が似ているので混同しがちです。筆順に気をつけてていねいに書かせましょう。
④「路」の右側「各」を「名」と書かないように注意させましょう。

29 かくにんテスト④ 　61〜62ページ

1 ①配役 ②平和 ③筆箱 ④礼服
⑤反発力 ⑥旅行 ⑦流氷 ⑧練習問題
⑨鼻声 ⑩路面
2 ①味わう ②美しい ③表す
3 ①のうさくぶつ（のうさくもつ）・さくもつ・しなもの
②ふ・ま・お
4 ①薬・落・葉 ②波・洋・油
5 ①有・遊 ②秒・病

アドバイス

2 ①「味う」「味じわう」と書かないように注意させましょう。
4 ①「艹（くさかんむり）」、②「氵（さんずい）」のつく漢字です。

30 三年の全漢字テスト① 　63〜64ページ

1 ①流行 ②皿 ③転 ④曲 ⑤体育
⑥客間 ⑦油絵 ⑧安心 ⑨集合
⑩書事 ⑪壁 ⑫終点 ⑬世 ⑭黒豆
⑮消 ⑯物語 ⑰島国 ⑱鼻血 ⑲横顔
⑳行動

2 ①作品 ②歯 ③死去 ④火薬 ⑤君
⑥体重 ⑦暗記 ⑧短 ⑨野球 ⑩水泳
⑪運転手 ⑫遊園地 ⑬返答 ⑭根
⑮美 ⑯平等 ⑰近所 ⑱大事 ⑲酒屋
⑳住人

アドバイス

1 ⑦「油」の右側「由」を「田」としていないか確認してください。
⑬「代」は、最後の点を忘れないように気をつけさせましょう。
⑰「島」は、「鳥」と形が似ているのでまちがえやすいです。〈島〉には〈山〉がある」と覚えさせましょう。
2 ⑧「短」は、「豆（食べ物を入れる「たかつき」といううつわ）」と「矢」を合わせた字。たかつきも矢もどちらもみじかいことから、「みじかい」意味を表します。

31 三年の全漢字テスト② 　65〜66ページ

1 ①植物 ②気温 ③真心 ④実行
⑤係 ⑥使用 ⑦駅前 ⑧登場 ⑨急行
⑩病気 ⑪荷物 ⑫屋上 ⑬中庭
⑭電波 ⑮整理 ⑯命 ⑰調子
⑱石炭 ⑲坂道 ⑳表紙
2 ①去年 ②送 ③毛皮 ④飲食店
⑤開 ⑥化石 ⑦方向 ⑧読者 ⑨苦手
⑩味見 ⑪打 ⑫高速 ⑬電柱 ⑭練習
⑮自由 ⑯始 ⑰万年筆 ⑱湖 ⑲宿題
⑳決

アドバイス

1 ⑤「係」は、三画目のはらいを忘れないようにさせましょう。
2 ⑤同じ「あける」という読みで、他の漢字には、「明ける（朝になる）」「空ける（からにする）」があります。使い分けに気をつけさせましょう。

32 三年のぜん漢字テスト③ 67～68ページ

1 ①黒板 ②湯気 ③様子 ④投 ⑤写真 ⑥神社 ⑦主役 ⑧相手 ⑨緑色 ⑩全部 ⑪次回 ⑫行進 ⑬暑 ⑭親指 ⑮配 ⑯鉄橋 ⑰乗馬 ⑱守 ⑲等 ⑳深

2 ①有名 ②決定 ③寒 ④羊 ⑤負 ⑥文化祭 ⑦受 ⑧都会 ⑨幸 ⑩待 ⑪氷 ⑫追 ⑬注目 ⑭上着 ⑮助 ⑯悲鳴 ⑰身長 ⑱悪口 ⑲旅行 ⑳草取

アドバイス

1 ⑭「指」の部首は、「扌(てへん)」。「木(きへん)」と書きまちがえないように注意させましょう。

2 ①「有」は「右」と同じく、ななめのはらいから書き始めます。

33 三年の全かんじテスト④ 69～70ページ

1 ①海岸 ②落 ③早起 ④二倍 ⑤漢字 ⑥今度 ⑦楽勝 ⑧地面 ⑨空想 ⑩笛 ⑪銀 ⑫畑 ⑬一丁 ⑭道具 ⑮仕事 ⑯九州 ⑰代理 ⑱世界 ⑲気軽 ⑳昔話

2 ①反対 ②店員 ③持 ④問題 ⑤中央 ⑥息 ⑦宮 ⑧線路 ⑨放送 ⑩空港 ⑪学級会 ⑫両手 ⑬図書館 ⑭太陽 ⑮究明 ⑯平和 ⑰県立 ⑱暗号 ⑲薬局 ⑳十秒

アドバイス

1 ⑱「世」は、筆順に気をつけさせましょう。

2 ④「問」は、同じ音読みの「門」と混同しやすいので、注意させましょう。

34 三年の全漢字テスト⑤ 71～72ページ

1 ①詩 ②入学式 ③本箱 ④第一 ⑤予定 ⑥勉強 ⑦委員 ⑧対決 ⑨整列 ⑩朝礼 ⑪発見 ⑫幸福 ⑬題名 ⑭感動 ⑮意味 ⑯入院 ⑰申 ⑱相談 ⑲地区 ⑳和服

2 ①医者 ②昭和 ③研究 ④期待 ⑤部品 ⑥西洋 ⑦農薬 ⑧鼻声 ⑨金庫 ⑩役目 ⑪商売 ⑫童話 ⑬二階 ⑭地下鉄 ⑮拾 ⑯作業 ⑰他人 ⑱文章 ⑲手帳 ⑳家族

アドバイス

1 ⑧「決」の右側を「央」としないように注意させましょう。

⑮「意」の「心」は、「灬」の書きまちがいに気をつけさせましょう。

2 ①「医」の中の「矢」は、「失」ではありません。ていねいに書かせましょう。

②「昭」の左側は「日」です。人の名前以外では「昭和」くらいにしか使わないので、熟語で覚えさせましょう。

35 便・老・折・昨・札 73～74ページ

1 便…①たよ ②べん ③びんきょく ④便所 ⑤便

2 老…①お ②ろうご ③ろう ④老 ⑤老

折…①お ②うせつ ③折 ④折 ⑤折

昨…①さくや ②さくじつ(きのう) ③昨夜 ④昨年 ⑤昨今

札…①ふだ ②ひょうさつ ③名札 ④札 ⑤札

アドバイス

1 便 「使」と形が似ているので、しっかり使い分けができるようにさせましょう。

老 ななめの画を書き忘れないように注意させましょう。

2 昨 音読みは「サク」ですが、言葉によっては、「昨今(さっこん)」のように、つまる音になることがあります。

札 「礼」と形が似ているので、注意させましょう。

1　特…①とく　②とくちゅう　③とく　④特　⑤特有

祝…①こいわ　②しゅくでん　③しゅくじ　④祝　⑤祝

2　種…①たね　②ひんしゅ　③種　④種　⑤種

約…①やく　②よやく　③約　④約　⑤約

結…①むすぶ　②けつ　③結　④結　⑤結

● アドバイス

1　特　部首は、「牛(うしへん)」です。「特」「待」とまちがえやすいので注意させましょう。

祝　「兄(ひざまずいている人)」と「ネ(祭だん)」を合わせた字。祭だんの前で神に言葉を述べている神主を表します。

2　種　部首は、「ネ(のぎへん)」です。一画目のはらいを忘れて「木」としないように注意させましょう。

約　右側の中の点を忘れないようにさせましょう。

結　右側の「吉」は、二本目の横棒を短くします。

1　試…①こころ　②しちゃく　③しあい　④試　⑤試食

説…①と　②しょうせつ　③せつ　④説　⑤説明

2　輪…①ゆびわ　②ねんりん　③輪　④車輪　⑤一輪

飯…①めし　②はん　③昼飯　④夕飯　⑤赤飯

験…①じゅけん　②たいけん　③験　④実験　⑤験

● アドバイス

1　試　訓読みは「こころ(みる)」。送りがなに気をつけて書かせましょう。

説　右側を「兄」としないように気をつ

2　輪　部首「車(くるまへん)」は、車輪の種類・状態・部分などに関係する字につきます。

飯　右側「反」は、形が似ている「友」としないように注意させましょう。

験　部首「馬(うまへん)」は、馬の種類・状態、または馬の働きや動作などに関係する字につきます。

1　加…①くわ　②くわ　③か　④加　⑤加

節…①ふし　②せつ　③せつ　④節　⑤節

2　冷…①つめ　②れいき　③冷　④冷　⑤冷

泣…①な　②な　③泣　④泣　⑤泣

英…①えこ　②えいかいわ　③英　④英　⑤英文

● アドバイス

1　加　「力(腕に力をこめる様子)」と「口」を合わせた字。力(腕力)の他に、口(言葉)をくわえて、人の上に出る様子。さらに上にくわえることを表します。

節　「阝」を「阝」としないように気をつけさせましょう。

2　冷　「令(清らかにすんでいる)」と「冫(こおり)」を合わせた字。氷のように冷たくすみきっていることを表します。

泣　部首「冫(さんずい)」は、水や液体に関係する字につきます。

英　「央(まん中より分かれる)」と「艹(くさ)」を合わせた字。植物の中でくっきりと目立つ部分の花、または花のように目立って美しいことを表します。

右側の「⑤願」

41 四年の漢字 先取りテスト 85〜86ページ

<アドバイス>

1
① このこ ② とり ③ こいぬ ④ こう ⑤ まいご

願 「頁」の九画目の横棒は、中の短い横棒を忘れないように注意しましょう。

順 筆順に気をつけて書きましょう。右側の「頁」の下の「ル」の中の「ン」を書き忘れないように注意しましょう。

栗 中の「西」を「⺫」としないように注意しましょう。中の短い横棒を忘れないように注意しましょう。

司 筆順に気をつけて書きましょう。

夫 「大」の字の頭に一画つけて「天」としないように注意しましょう。

---

40 夫・司・栗・順・願 83〜84ページ

① が ② じゅん ③ は ④ じゅん ⑤ じゅん順

栗
① か ② こう ③ し ④ く ⑤ りっか

司
① し ② し ③ し ④ しかい ⑤ つかさ

夫
① おっと ② ふう ③ ふ ④ ふ ⑤ おっと夫

<アドバイス>

関 「門」の部首は「もんがまえ」です。部首の「門」の中の「⺍」を「刀」としないように注意しましょう。

辺 「辺」の右側の最後の点の位置に注意しましょう。

底 「広」の中に点を書き忘れないように注意しましょう。

必 「心」の書き順は中央の点から書き始めます。多くの人が点を書く順番をまちがえやすいので注意しましょう。

笑 「⺮」を「艹」としないように、また「大」を「天」「犬」などとしないように注意しましょう。

---

39 笑・必・辺・底・関 81〜82ページ

関
① せき ② かん ③ おおぜき ④ せき ⑤ かん

辺
① あたり ② へん ③ へん ④ うみべ ⑤ へん

底
① そこ ② ち ③ てい ④ てい ⑤ てい

必
① かなら ② ひつ ③ ひつ ④ かなら ⑤ ひつ

笑
① わら ② わら ③ しょう ④ わら ⑤ くしょう

4
① すず ② かか(わる)

3
① じゅん ② びん ③ ねが ④ せつ ⑤ せつ ⑥ せつやく ⑦ けっせつ ⑧ とくべつ ⑨ しゅ ⑩ ふし

2
① つめ ② こう ③ なふだ ④ あいて

1
① ふだ ② たてふだ ③ なふだ

<アドバイス>

1 「札」の読みは「ふだ」「さつ」で、「名札・立て札・千円札」などの言葉で使います。

2 「冷たい」の反対の言葉は「温かい」です。

3 ①「あいだ」が多いので、気をつけましょう。②「更に」「更」の右側の部首は「日」です。

4 ④「折」は手の動作に関係する字なので、「へん」は「てへん」です。「必ず」の「必」は、書き順に注意しましょう。